百年情書

A —— CENTURY —— OF
HEARTFELT SENTIMRNT

National Museum of Taiwan Literature

● 文協時代的啟蒙告白

國立臺灣文學館 策劃

目次

前言

第一章 邀請

第四章、回望

文協的啟蒙，如一代接一代的情史

蘇碩斌

臺灣文化協會，成立於一九二一年十月十七日，距離日本統治臺灣的一八九五年，以及結束殖民的一九四五年，恰恰位在正中間，真的好像命運的轉折點。

略數文協的大事紀，一九二一年在臺北靜修女子學校成立，一九二三年本部遷至臺南，一九二五年左派成員在彰化組織二林蔗農組合，一九二七年臺中公會堂發生左右二派分裂，同年右派另組臺灣民眾黨，一九三一年左派文協和右派民眾黨同年遭到取締，實質的文協，十年就此告終。

從組織存活來看文協，確實只有十年；但臺灣並不從此不再思考啟蒙。幾年之後的一九三四年，「臺灣文藝聯盟」再度匯集臺灣的文化人，一樣熱切想要啟蒙民眾。他們更加廣泛地體察民眾，在文學、美術、音樂、戲劇、電影、甚至舞蹈都開出驚人花朵。文協十年過去，文藝聯盟承繼的「文協精神」，推著臺灣人在殖民土地上打下一塊一塊的思想陣地。可惜在一九三六年八月，臺灣文藝聯盟還是解散。

即使是一九四五年終戰之後，臺灣人對文化的期許一度再點燃。可惜歷史又開了臺灣文化人一次玩笑，新政權的二二八事件、白色恐怖，迅即澆滅等候許久的熱情。

文協的各種事情，從一九四九年之後日趨沉寂，數十年間罕為人知。但是文協的精神並不枯竭。一九七〇年代臺灣知識分子重述殖民地時期政治社會運動史，關於文協的研究考察也重新開啟，一百年後的現在，才發現文化人後來做的許多事情，只是文協精神的新足跡。因此，當更多資料重見天日，也能更加細緻去回看歷史，更能提出新的詮釋觀點。

國立臺灣文學館（以下簡稱臺文館）「百年情書．文協百年特展」，是我們在大量文協歷史研究中，刻意由「情感面」提出的詮釋角度。臺灣文協的啟蒙，在我們看來，就是文化人追求大眾的情史。因此，我們深入一九二〇至一九三〇年代散落各個領域的人物，挑選出六位落實「啟蒙精神」、渴望「追求大眾」的文化人典型，並化為六封情書展開策展。

呈現在各位眼前的這本書，就是展覽圖錄的延伸作品。書中除了展場的實錄，也特別邀請蔡明諺教授約集多篇文稿，增補因為展場有限時空而未能表達的知識材料，再由文化銀行與前衛出版社共同合作，完成這一本極具紀念性的圖錄專書。

一百年前成立的文協，組織雖只有不算長久的十年，文化人追愛大眾的啟蒙確已開啟。因為這個起點，文協的啟蒙精神，一代一代的流傳，彷如一封一封追愛的情書，奮不顧身，前仆後繼，才有我們今天政治社會的自由、情感奔放的自在。

一〇〇是從一開始的——「百年情書・文協百年特展」之初及其後

林佩蓉

回顧島內，新道德猶未建設，而舊道德早已次第衰頹。從而社會制度墜地，人心澆離，唯利是爭。……思及臺灣之前途，實勘寒心。吾人於此大有所感，即糾合同志，組織臺灣文化協會，以謀臺灣文化之向上。

——文化協會旨趣書，一九二一・十

醒來吧，奮起吧！我們臺灣的民眾呀！臺灣的社會，已經具備著我們運動迅速地進展的必然條件，既經開拓曠闊的時代戰場已迫近我們，使我們走上激烈的鬥爭，進軍喇叭已經在我們的耳膜響亮地響了很久，前進！前進！

——文化協會新宣言，一九二七・十

上面兩段「宣示語」相隔六年，六年之間臺灣社會發生的變化也在這兩段宣示語裡明顯的表露。眾所皆知一九二一年蔣渭水、吳海水、林麗明等人以「啟蒙」作為文化運動的方法，醫治社會眾人所患的「知識不良」病徵，但病人究竟是誰？難道只有「目不識丁」、「迷信嚴重、風俗卑劣」的眾人？對照蔣渭水在一九二一年十一月三十日發表的〈臺灣文化協會創立經過報告〉一文，前述資格的眾人只是配角，作為教化社會的「有識階級者」，則是「多數意志薄弱，並無堅定的信念亦無高遠的理想，只管埋首於物質生活而無餘念」。雖然最後蔣渭水直指當時臺灣積弱不振最重要的原因是「知識的營養不良」，卻也不能迴避他對於有識者的批判。在〈文化協會旨趣書〉中讓人憂心的臺灣前途，需要將毀壞的社會制度建立起來，以「糾合同志」來謀求文化向上，向委靡的知識人疾呼，奮起，一起站在臺灣人面前，謀求文化之向上。主從位置明顯，但是能夠接收者有限，特別是勞苦大眾的身分被抬高在「文化向上」口號之際，大眾的生活和臺灣的前途必須是同一件事。於是新文協要為「開拓曠闊的時代戰場」擺陣，文協知識人要和大眾一起向國際性的資本主義抗爭，「激烈的鬥爭」情非得已，跑了六年的文化運動之路，讓人看不見生活得以改善，必須改變，必須前進，這一次，要一起走。

這個改變，也是臺文館在二〇〇七年十月十七日的「文化協會在臺南」特展，以及每年十月十七日言說文協與文學博物館的關係之後，重新看文協發展的一種反省。這樣的時間經過十四年，是兩段宣言時間差距的二倍，這中間除了需要相當的史料支撐，也需要不斷重返一九二〇—一九三〇年代文學運動所產生的文本與論述。當賴和化身為阿四看見大眾的期待，期待文化協會是要替大眾謀幸福的，他自心底湧出的悲哀，多麼巨大，又是多麼荒謬。原來，走了幾年的文化協會是一場「徒勞無功」？文協人與大眾原來距離這麼遠。而這也正照映了一九二四年農民運動正式成為抗爭場上的要角，文化運動已經由知識階層的自彈自唱，轉變為與大眾合唱的方式，對應臺文館以「臺南州廳」的「衙門」建築作為基地，要彈唱的曲子也確實在文學展演的困難中，曲高和寡，即使在每一年面對文協創立日時，也無法很明確的確認，文學博物館究竟要和誰站在一起。然而進入解嚴、多元奔放、破除中心的「後」現代，臺文館之於展演文化協會的方式，就決定以反省為心態，重新審視被言說已久的史料，用文學說故事的方式、文學寫論文的考究，讓大眾和知識人的對望，成為百年文協的重點，成為一〇〇中的一之起點。

這檔展覽渴望被看見的是：日本以殖民手段啟動臺灣近代化的歷程裡，臺灣人能過什麼樣的生活，臺灣可以是什麼樣的臺灣？這個展覽希望讓現在的大眾看見殖民時代裡，「能不能」、「可不可以」不是談判桌上的選擇題，被殖民者怎麼能有選擇的權利？但是再如何的專制時代，都沒有辦法禁錮人對自由、人權的渴望，文化協會如此，儘管走上分裂，也有不斷新生的團體接續著，文協打開一個關於勇氣的開關，就是即使在旱地上，也要用淚水澆灌出一株新芽。在展覽的空間裡，我們導入知識人的創作，把他們的思想和寫作的行動，轉化成一篇篇情書，安排六位說書人，為走進展場的每一個人朗讀。這情書裡面有說書人的文采，也有盤旋在他們心中的思緒，我們應用史料支撐驗證他們的所思所想，編撰出六封情書，六位說書人代表文協文化運動的知識人，他們正嘗試離開自以為是的自己，轉身和若近若離的大眾相視。

文協開始的文化運動，在不同的階段產生變異，本展覽的時間軸以知識人和大眾共同面對社會難題的一九二〇年代中期到一九三〇年代為主，以一部「文協」動畫交代文協創立，說書人開啟六封情書書寫的各個階段，包含了知識人的姿態轉變。而經過一九二七年分裂的衝突，文學運動成為蓬勃的一九三〇年代，臺灣文藝聯盟的文化藝術的串連，無論是作品或是評論，都在關注大眾，也無論這大眾是勞動者、無產者、市井小民，他們都有故事。在酬神賽戲的宗教生活中，知識人擔心過度迷信宗教儀式帶來的鋪張浪費，但也同樣看見香火繚繞下，虔誠祈求生活改善的面容，這是一起走的夥伴，於是他們的故事，成為民間文學的篇章、畫布下的姿態表情、五線譜上的歌謠……

關於文協的展覽，臺文館在二〇〇八年之後，透過慷慨的文協後代，系統化的展開文獻整理，這些年來，除了分享展覽成果，包括在蔣渭水基金會蔣朝根先生的支持下，移展至臺北市文化局所主辦的臺灣新文化運動紀念館（當時還是籌備處）展出，逐步完成的文物保護措施，也成為二〇一〇年蔣渭水基金會所策劃的「盧丙丁・林氏好伉儷特展」展品。爾後也在文協後代的同意下，持續支援學校教材、創作專書、學術著作出版，臺文館與文協後代都希望，這些看似單一人物的物件，所包裹著濃厚的、深刻的文化精神可以被看見、被了解。文協所開展的文化運動不曾斷裂，一直延續至今，並且有朝一日，會成為日曆上的一格註記，因為這是臺灣人都應該記得的日子。

為展覽現身的六位說書人

黃小蛋

這本展覽圖錄，必須先簡介為「百年情書．文協百年特展」服務的六位說書人，他們更多的時間是在與大眾相處，遠遠近近，曾經他們是如此誠心邀請大眾一起參與一場場運動、登場在一篇篇文學作品裡，如今他們成為大眾記憶裡的一部分。[1]

在民族自決、大正民主運動的昂揚下，東京的臺灣留學生發起近代政治、社會運動，此即一九一四—一九一五年的臺灣同化會運動、一九一八年「六三法」撤廢運動。這把熱情火炬從海外傳遞回到臺灣，一九二一年年初展開第一回臺灣議會設置請願運動，同年十月臺灣文化協會成立，以「助長臺灣文化發達為宗旨」，有資產的地主仕紳與知識分子們有志一同參與其中。自此，各種政治、社會與文化運動席捲臺灣各地。臺灣文化協會所號召的文化運動，目的在於藉由文化啟蒙來喚醒臺灣人們的民族自覺[2]，在這風潮下的知識分子，無不充滿熱忱，「他們選擇各種發聲的可能，行動或書寫於是成為社會改革的重要力量」。[3]他們是社會運動者、作家、畫家、音樂人、民俗學家、劇場人等，在一九二一年文化運動的起點，踏出百年之旅的第一步。

六位文協人：賴和、陳澄波、盧丙丁、楊逵、林氏好、李獻璋化身為說書人，從文學、美術、白話字、戲劇、音樂與民間文學面向，向大眾傳遞情書。六位文協人參與文化運動，面對大眾的距離與關懷，直接反映於書寫與行動中，間接呈現出彼此在文協的不同階段與左右位置，也串連起從一九二〇年代到一九三〇年代，從文協到文學／文藝發展的軌跡。

賴和

一九二一年臺灣文化協會成立之際，賴和為第一屆理事，其小說〈阿四〉有這麼一段描述：原本阿四想辭去理事，當時有過卑怯，但聽了朋友的啟示，成為熱心的社會運動者，在文化講演會上看著民眾熱烈拍手歡迎，意識到「只有為大眾服務，纔是正當的事業、光榮的事業」[4]。賴和參加文化運動，行醫之餘也寫作，在新文學創作書寫上，其文字混合文言、白話與日本漢字，形成獨特的語言與文體風格[5]。賴和也參與文學編輯、出版，曾擔任《臺灣民報》學藝部客員、新文協機關刊物《大眾時報》董事，與彰化有志者發行《現代生活》雜誌，也是純文藝雜誌《南音》發行同人之一。賴和主持學藝欄或參與雜誌編輯時，積極提攜文學後進，是臺灣新文學運動的重要推手。

陳澄波

文協所舉辦的文化講演會，各地有志青年登臺暢談，在東京的臺灣留學生們亦參與其中，每年暑假返臺講演，盧丙丁與陳澄波參與文協活動，首次公開講演會即是如此。一九二五年暑假，三十歲「高齡」的東京留學生陳澄波返回嘉義，在嘉義公會堂講演「藝術與社會」。後於一九二六年與陳植棋、陳英聲、倪蔣懷等人，成立臺灣第一個本土畫會「七星畫壇」。一九二七年又與廖繼春、顏水龍等畫家，成立「赤陽洋畫會」。一九三四年陳澄波參與全島畫家組成的「臺陽美術協會」，同時也加入「臺灣文藝聯盟嘉義支部」。一九三七年第三回臺陽美術展覽會巡迴臺中展出時，在會員歡迎座談會上可見陳澄波、楊逵、李献璋等人共同出席，這是文學與美術密切合作的高峰。

● 盧丙丁、林氏好

一九二五年八月十日，留華學生於大甲講演會登場，當日講演者之一為盧丙丁，講題為「破壞建設」[6]。一九二六年四月，文協成立「活動寫真部」，盧丙丁獲聘擔任辯士[7]，同時活躍於臺南當地的文化講演會、文化劇團。盧丙丁亦是一九二八年臺灣首個工人組織「臺灣工友總聯盟」成立時的核心人物，他站在工農群眾的一方，參與文協、臺灣民眾黨、工友總聯盟，這個立場也影響他的太太「林氏好」。盧、林二人於一九二三年結為連理，但因為盧丙丁活躍於社會運動，當時任教於臺南市第二幼稚園的林氏好受到學校施壓，最後遭到無理由辭聘。林氏好從學校退職後，一九二七年跟著盧丙丁走向社會運動，參與臺南香線工友會、組織臺南婦女青年會。

一九二八年五月，盧丙丁與林宣鰲、梁加升、林秋梧、莊松林等臺南青年，組織「赤崁勞働青年會」，積極投入民眾啟蒙運動。一九三〇年九月出版《反普特刊》，主張「絕對地反對普度、打倒一切的迷信」；同年十月成立「赤道社」，發行左翼雜誌《赤道》。其後林氏好投身音樂演唱事業，一九三二年成為古倫美亞唱片的專屬歌手，一九三四年錄製蔡培火作詞作曲的〈咱臺灣〉。

● 楊逵

文協主張文化向上，帶給臺灣不同的社運力量，不同的理想願景，但卻同樣面對大眾、同樣朝著「臺灣是臺灣人的臺灣」這樣的目的前進著。一九二四年楊逵負笈東京，並開始參與工人運動與學生運動。一九二七年四月，楊逵參與由許乃昌、商滿生、楊雲萍等人成立之東京臺灣青年會「社會科學研究部」；五月，出席東京臺灣青年會舉辦之「臺鮮問題大講演會」，並上場演講、大揮熱辯[8]。一九二七年九月，楊逵返臺投入農民運動；十月，加入臺灣文化協會；十二月，臺灣農民組合舉辦第一回全島大會，王敏川代表文化協會、盧丙丁代表民眾黨與會，楊逵獲選為中央委員、中央常務委員、負責「政治、組織、教育」工作，葉陶則承擔「婦女部」之工作。一九二八年六月，楊逵退出農民組合，後在彰化組織讀書會，積極投入文化協會之活動。一九三一年在高雄組織「工農文庫刊行會」[9]，翻譯出版《馬克思主義經濟學(1)》。一九三四年十一月臺灣文藝聯盟創辦《臺灣文藝》，楊逵擔任日文版編輯；隔年十一月退出臺灣文藝聯盟，與葉陶另創《臺灣新文學》雜誌，其後開始投入戲劇創作。

一九三一年三月「大溪革新會」成立時，李獻璋年僅十八歲，但已是重要組織成員，他獲選擔任體育部主任，並兼任財務、宣傳、教育等部員。大溪革新會以「打破迷信、改除陋習」為宗旨，一九三四年十月李獻璋曾主編出版機關刊物《革新》。一九三五年初臺灣文壇發生「民間文學論爭」，李獻璋站在民俗學「忠實記錄」的立場，反對張深切以文學論「化用改寫」的主張[10]。這場論爭最後促成一九三六年六月李獻璋主編《臺灣民間文學集》之出版，該書的採集工作「著重臺灣歷史傳說，以中國白話文，或夾雜臺灣話文的書寫，……可說是臺灣鄉土文學運動、臺灣話文運動的實踐成果」[11]。

一九二一年臺灣文化協會展開的啟蒙運動，為臺灣社會留下深遠的文化／文學影響。這六位文協人的行動、書寫創作，是當時代的文化運動的一部分，也是百年來臺灣文學／文化運動的一個起點。臺灣文化協會及其輻射出去的作家、作品，是奠定臺灣文學從萌芽發展到成熟的重要基石。若以文學史而言，一九二六年至一九三六年可以說是臺灣新文學運動的十年黃金時代；而在美術運動發展上，臺陽美術協會及臺陽美術展，至今仍是臺灣美術界培養藝術家的重要組織之一。文學與畫家的合作，在戰後文藝雜誌《新新》、《劇場》、《文學界》等可見其延伸；而一九三〇年代流行音樂曲盤與臺灣歌謠創作的盛行，歌仔戲、布袋戲、文化劇、新劇等表演藝術的發展，至今仍是大眾日常生活娛樂的主要部分。百年前的文協人運用各種文化、藝術形式勇於追求大眾，追求著那又近又遠的臺灣，百年後的我們再一次回望這段歷史與累積，了解其重現的意義與傳承，而六位說書人所奔跑的年代，一路望向我們的此時此刻，他與她的故事及其開展的任何事物、感受「不再只是我們的『歷史』，亦是我們的『認同』」。[12]

◎註解

1 本圖錄在每一篇章單元裡，將有專文深入介紹說書人。

2 林柏維，《台灣文化協會的滄桑》，臺原，一九九三年六月，頁六四。

3 陳淑容，《「曙光」初現──台灣新文學的萌芽時期（一九二〇─一九三〇）》，國立臺灣文學館，二〇一二年十月，頁二十。

4 賴和，〈阿四〉，《新編賴和全集．小說卷》，國立臺灣文學館、前衛出版社，二〇二一年五月，頁一七三。

5 陳萬益，〈賴和〉，《日治時期台灣現代文學辭典》，聯經出版公司，二〇一九年六月，頁七五。

6 〈各地文化講演情報 大甲〉，《臺灣民報》一九二五年九月六日，第六版。

7 〈文協活動寫眞部出世〉，《臺灣民報》一九二六年四月十八日，第七版。

8 〈臺鮮問題大講演會 布施氏大揮熱辯〉，《臺灣民報》，一九二七年五月二二日，第五版。

9 〈高雄 工農文庫 刊行會出版〉，《臺灣新民報》，一九三一年七月十八日，第九版。

10 郭誌光，〈民間故事整理論爭〉，《日治時期台灣現代文學辭典》，聯經出版公司，二〇一九年六月，頁五二八。

11 陳龍廷，〈臺灣民間文學集〉，《日治時期台灣現代文學辭典》，聯經出版公司，二〇一九年六月，頁三一八。

12 皮耶．哈諾，〈記憶與歷史：如何書寫法國史〉，《記憶所繫之處》，行人出版社，二〇一二年八月，頁二二。

第一章 CHAPTER 01

邀請

在啟蒙的浪頭上我等你——一九二〇—一九三〇年代文協人的情書邀請

臺灣要成為什麼樣的臺灣？臺灣人能過什麼樣的生活？一九一〇年代末期，留日的臺灣讀書人，在「大正民主」的思想衝擊下開了眼界，逐步重視個人價值，包含生存權利、平等自由。世界思潮讓他們相信，文化啟蒙，可以影響社會的素質。他們因此開始嘗試籌組啟發會、聲應會、新民會等實驗政治團體。

啼聲初試之後，一九二一年十月十七日，集聚在臺北靜修高等女學校的氣勢，第一次在本島舉起啟蒙大旗，對著有待啟蒙的大眾，眼裡滿是深情。

知識分子熱切邀請大眾加入腳步，百般渴望，彷若情書。「我」是文協人，「你」是大眾，啟蒙是紅線，將原本無緣的你我，拉近彼此。

但是，文化運動是否真能解決人民痛苦、帶來幸福？這是啟蒙浪潮下的暗礁。文協路上總是向前的蔣渭水、頻頻回望勞苦大眾的賴和，一直帶著類似的疑問，摸著石頭過河。終於，他們碰到衝突之礁，一九二七年，文化協會的路線產生歧異，文協人明確分出左和右，其實底蘊仍是無法避免的「大眾是誰」、「大眾如何生活」等各樣提問。「臺灣是臺灣人的臺灣」，究竟如何實踐？都在嘗試，卻不可知。

這帖藥能不能帶來幸福——一九二〇年代的又冷又熱、狂飆寂寥

說書人

Love Letter

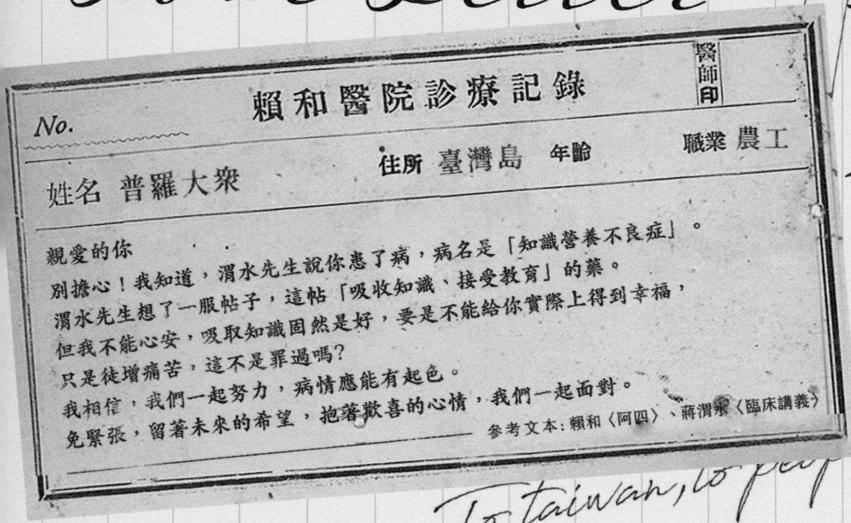

醫師印

賴和醫院診療記錄

No.

姓名 普羅大衆　住所 臺灣島　年齡　職業 農工

親愛的你
別擔心！我知道，渭水先生說你患了病，病名是「知識營養不良症」。
渭水先生想了一服帖子，這帖「吸收知識、接受教育」的藥。
但我不能心安，吸取知識固然是好，要是不能給你實際上得到幸福，
只是徒增痛苦，這不是罪過嗎？
我相信，我們一起努力，病情應能有起色。
免緊張，留著未來的希望，抱著歡喜的心情，我們一起面對。

參考文本：賴和〈阿四〉、蔣渭水〈臨床講義〉

To taiwan, to people

賴和（一八九四—一九四三）

彰化市人

筆名懶雲、甫三等。臺灣總督府醫學校畢業。曾任職廈門博愛會醫院，後自行開業賴和醫院。一九二一年加入臺灣文化協會，一九二六年起主持《臺灣民報》文藝欄，鼓勵後進以新文學創作。創作以詩、散文、小說為主，作品反映知識分子對於殖民時局的悲憤，理想與社會的衝突、矛盾，在書寫上摻雜「臺灣話文」，被譽為「臺灣新文學之父」。

賴和

「啊！時代的進步和人們的幸福原來是兩件事，不能放在一處併論的喲！」

文協成立之前，臺灣總督府已經透過「公學校」制度啟動對臺灣人的新式教育。自小學習漢文的賴和，長大接受新式教育，並且成為醫師。一九二一年他加入文協、當選理事，仍不斷在思索懷疑教育的用處。雖然抱有「想為臺灣民眾的文化向上盡一點微力」的理念，並和友人們各自投入寫小說、新詩、劇本，主持《民報》文藝欄編務，舉辦講演及研習會。然而，眼見文化運動並未消解大眾的困境，他不禁感嘆，教育啟蒙究竟何用？

在理想與現實的衝突下，期待、傷心、失望種種情緒襲來。賴和在悲傷中，沒有放棄，他在文字裡化身阿四，寫下：「心裡燃起火一樣的同情，想盡他舌的能力，講些他們所要聽的話，使各個人得些眼前的慰安，留著未來的希望……」未來，就在腳下，他還不能停下腳步。

吹奏激勵民眾的進行曲：賴和與臺灣文化協會

蔡明諺

臺灣文化協會是日本時代臺灣最重要的「民族主義啟蒙文化團體[1]」。一九一九年末，蔡惠如、林獻堂等人在東京組織青年學生成立「新民會」，採取民族自決主義的立場，開展臺灣的啟蒙運動。一九二一年一月，林獻堂領銜發起臺灣議會設置請願運動；同年七月，蔣渭水與吳海水、林麗明一同起草臺灣文化協會主旨書與會則，並向島內各地與內地留學生寄發入會申請書。一九二一年十月十七日，臺灣文化協會在靜修女學校舉辦發會式，推舉林獻堂為總理，楊吉臣為協理，蔣渭水為專務理事，並以總理的名義，指定四十一名理事，四十四名評議員。賴和因蔣渭水的推薦，獲得指名擔任文協理事。

一九二一年文協成立時，賴和已從廈門博愛會醫院退職，返回彰化市仔尾開業屆滿兩年。小說手稿〈阿四〉留有加入文協前後，賴和個人的思想變化。當蔣渭水推薦賴和擔任文協理事時，賴和回信婉拒並謂：「古人云有死天下之心，纔能成天下之事。足下所創事業，是為吾臺三百餘萬蒼生利益打算，僕亦臺人一份（分）子，豈敢自外，但在此時尚非可死之日，願乞把理事取消。[2]」由此可知，賴和對於文協最初是抱持著消極的態度。

促成賴和轉向積極投入文協的關鍵，是一九二三年二月臺灣議會期成同盟會的集結。因為留學東京友人的「遊說」，賴和／阿四確認了議會請願不僅是「政治運動」，更是引導臺灣民眾的「啟蒙運動」，而臺灣文化協會的創立，其目的同樣如此。在後來賴和的新文學創作中，這個「啟蒙」的精神被提煉成為「覺悟」，以及更進一步被推進成為「覺悟的犧牲」。賴和所謂「覺悟的犧牲」，就是黃宗羲的「死天下之心[3]」。賴和／阿四抱持這樣的「覺悟」，在此之後「成為一個熱心的社會運動者」，並積極地參與文協的工作。

一九二三年十月，文協第三回總會指定《臺灣民報》為機關報，約略同時，賴和開始有意識地轉向新文學創作。治警事件之前，賴和在十一月五日的日記中提出十篇小說寫作計畫；治警事件之後，賴和在漢詩手稿裡，大量練習新詩寫作。一九二五年八月二十六日，賴和在《臺灣民報》上發表〈無題〉，十二月二十日發表《覺悟的犧牲》，一九二六年一月一日發表〈鬪鬧熱〉，二月十四日發表〈一桿「稱仔」〉，新文學的賴和在「講文化的」浪潮中正式登臺亮相。

與新文學的開展同時，賴和也活躍於各種社團結社與演講場合。一九二五年一月在文協彰化支部演講，二月協助彰化婦女共勵會創辦，同時組織流連索思俱樂部。四月在彰化戲園，五月在斗六支部，九月在大甲支部，十一月又在斗六支部，賴和積極對一般民眾演講。一九二五年的賴和是「新文學」的賴和，同時也是「社會運動」的賴和。

一九二六年五月十五日，文協理事會在霧峰召開，賴和應邀赴會。文協的兩派爭執已不能妥協：「一派以社會科學做基礎，主張階級利益為前提，一派以民族意識做根據，力圖團結全民眾為目的。[4]」五月十六日會議結束時，廿餘名出席理事一同攝影，作為紀念[5]，這就是後來廣為人知的「臺灣文化協會第一回理事會」影像[6]，但事實上這已經是「全島一致」的文協最後的理事會了。

一九二六年十月，文協在新竹舉辦第六回總會，賴和代表彰化支部出席，文協會則變更案正式提出[7]。十一月，會則起草委員會在霧峰召開，蔡培火、蔣渭水之提案合併為「本部案」，與連溫卿提案並陳送臨時理事會審議[8]。一九二七年一月二日，文協臨時委員會在臺中東華名產會社召開，左派的連溫卿案在投票中獲勝。林獻堂在日記中對當天會議的評論是：「起草委員之提案而被否決，誠出意外。前聞溫卿、敏川往彰化運動，余想諸理事當不為其所惑，今竟反是，台灣人作事，大多數皆以感情用事，而歿卻主義，此其一端。[9]」林獻堂所批評「以感情用事」的彰化「諸理事」，當然也包括了出席會議的賴和。

一九二七年一月三日，文協臨時總會在臺中公會堂召開，文協左、右分裂。蔣渭水、蔡培火退出文協，林獻堂勉強留任，賴和卻獲選為新文協的中央委員。「由此連溫卿一派的共產主義系新幹部掌握文協的實權，文協的方針由原來的民族主義啟蒙文化團體的形態，變換成為無產階級啟蒙文化團體。[10]」

一九二八年五月，新文協另設的機關報《臺灣大眾時報》在東京創刊，賴和擔任監事及囑託記者，並發表散文〈前進〉，以一對兄弟的分手寓意文協的分裂，而賴和明顯是站在「受到較多的勞苦的」一方[11]。至一九二八年底，賴和的堂弟賴通堯，以及當時寄居彰化的楊逵，都已是新文協的積極參與者[12]。

但在新文協內部，以王敏川為代表的「上大派」（曾留學上海者），和以連溫卿為代表的「非上大派」已經出現分歧。一九二九年十一月，文協在彰化座舉辦第三回全島代表大會，楊老居為議長，賴和擔任副議長，會中農民組合提出「抗議連溫卿案」。不久之後，文協中央委員會即將連溫卿除名。文協再次轉向，逐漸與臺灣共產黨合流。一九二九年之後，文協解散論已經甚囂塵上。一九三一年一月，文協第四回全島代表大會在彰化戲園舉行，以王敏川為議長，賴和擔任會計審查委員，但此時的文協已近乎臺共的外圍組織。同年六月，臺共大檢舉；十二月，王敏川因「臺灣赤色救援會」案被捕入獄，至此臺灣文化協會在事實上已經消滅[13]。

文協左、右分裂之時，賴和確實是支持無產階級新文協的一方；但與此同時，賴和仍然與舊文協的民族主義者保持聯繫。一九二七年七月，退出文協的舊幹部另組「臺灣民眾黨」，賴和出席了九月一日民眾黨彰化支部的發會式，並當選為支部委員[14]。此後，賴和仍活躍於民眾黨舉辦的政談演說會。但是，賴和也確實和舊文協幹部產生了隔閡。直到一九三二年為紀念《民報》發行十週年的文章，賴和仍在質疑一九二七年文協左、右分裂，與同年八月

《民報》獲准返臺發行，兩者之間是否有不為人知的關聯[15]，以及一般民眾（當然也包括賴和自己）對《民報》（同時也是舊文協）的懷疑。

文協時期（一九二一—一九三一）的賴和首先是一個社會運動者，然後才是新文學作家。一九三〇年八月，賴和獲聘為《臺灣新民報》客員，並主持新闢「曙光」新詩欄位；與此同時，黃石輝揭開了鄉土文學論戰／臺灣話文論爭的序幕。一九三一年在《臺灣新民報》文藝欄，以及一九三二年脫離《臺灣新民報》後在《南音》雜誌上，都可以看到賴和以「臺灣話文」嘗試新文學創作的積極努力。但賴和始終是站在「民眾」的角度在考慮文化／啟蒙運動的發展，不管是「臺灣話文」的主張，還是一九三五年《臺灣民間文學集》的編撰，都可以看到清晰的、站在「民眾的真實底思想和感情[16]」一方的賴和立場。文協時期的賴和如此，文協之後的賴和也是如此。在政治意識形態的分合中，歷史舞臺的帷幕不斷起落，眾多的臨時演員爭先恐後的搶占主角的位置，但賴和始終如一的站在代表「民眾」的角落，堅持地直到屬於他的戲份／時代告終。

註

1 《臺灣總督府警察沿革誌‧領臺以後治安狀況‧中卷》，臺灣總督府警務局，1939 年 7 月，頁 137。

2 賴和，〈阿四〉，《新編賴和全集‧小說卷》，國立臺灣文學館、前衛出版社，2021 年 5 月，頁 173。

3 黃宗羲，〈明名臣言行錄序〉。1931 年賴和散文〈紀念一個值得紀念的朋友〉曾再重提此句，但誤記出處為《陽明信札》。參見《新編賴和全集‧散文卷》，頁 175。

4 賴和，〈赴會（稿本）〉，《新編賴和全集‧小說卷》，頁 223。

5 〈文協理事會議〉，《臺灣民報》，1926 年 5 月 30 日，第 5 版。

6 葉榮鐘編，《林獻堂先生紀念集‧卷一》，林獻堂先生紀念集編撰委員會，1960 年 12 月，照片頁。林瑞明，《臺灣文學與時代精神》，晨星出版社，1993 年 8 月，頁 183。葉榮鐘，《日據下臺灣政治社會運動史》，晨星出版社，2000 年 8 月，頁 405。今人多以為此照攝於 1921 年文協成立之時，實誤。文協發會式，林獻堂因服喪並未與會；賴和推辭理事職位，恐亦未出席。若以照片中後排左二陳虛谷為例，其在 1924 年 11 月 2 日文協第四回總會上，才獲指名為「大正十四年度理事」，所以此照片應在 1925 年之後拍攝較為合理，葉榮鐘謂「民國十五年攝於霧峰」較為可信。

7 〈文協第六回總會概況〉，《臺灣民報》，1926 年 11 月 7 日，第 8 版。

8 葉榮鐘，《日據下臺灣政治社會運動史》，頁 383。

9 林獻堂，《灌園先生日記》，1927 年 1 月 2 日。

10 《臺灣總督府警察沿革誌‧領臺以後治安狀況‧中卷》，頁 193。

11 賴和，〈前進〉，《新編賴和全集‧散文卷》，頁 133-134。

12 《臺灣總督府警察沿革誌‧領臺以後治安狀況‧中卷》，頁 243。

13 《臺灣總督府警察沿革誌‧領臺以後治安狀況‧中卷》，頁 286。

14 〈民眾黨彰化支部發會式〉，《臺灣民報》，1927 年 10 月 9 日，第 3 版。《新編賴和全集‧資料索引卷》，頁 86。

15 賴和，〈希望我們的喇叭手吹奏激勵民眾的進行曲〉，《新編賴和全集‧散文卷》，頁 155-156。

16 賴和，〈臺灣民間文學集序〉，《新編賴和全集‧散文卷》，頁 197。

文物故事

（文物故事皆由參考文獻進行改寫）

說書人：賴和

「呼，終於看完病患了」，但心頭還是緊緊，有一種事情沒做完的感覺，想起年初在講演會臺下群眾炙熱的眼神，和一整天所接觸病患的痛苦，心中不免感慨，這種鬱悶，徘徊不去。

飯後坐在桌前，已是深夜，回想起這幾年的日子，考進臺灣總督府醫學校，一九一四年醫學院畢業後，到嘉義醫院任職，漸漸發現一樣是醫生，內地人和本島人竟然有差別待遇，實在很不服。

這種感覺，不只有我。

過去在一九一四年，霧峰林獻堂曾邀請板垣退助來臺，以消弭差別待遇為目的，成立「臺灣同化會」，有臺北本部、臺中、臺南支部。那當時還是有人希望消除內地人和本島人的差異，但要求平等實在困難，不多久「同化會」就被臺灣總督府命令解散。

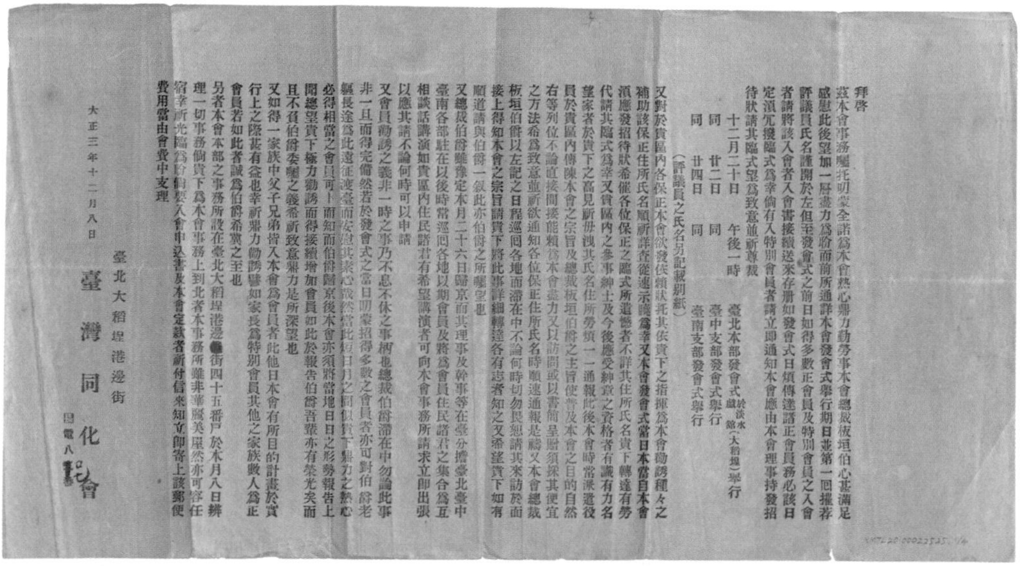

拜啓
茲本會事務囑托明臺全諸爲本會熱心鼎力勤勞事本會總裁板垣伯心甚滿足
感慰此後望加一層盡力爲盼而前所通詳本會發會式舉行期日並第一回推荐
評議員氏名謹開於左但至發會式之前日如得多數正會員及特別會員之入會
者請將該入會者入會書接續送來存册如發會式日煩傳達諸正會員務必該日
定須光臨式爲幸倘有入特別會員者請立即通知本會應由本會理事持發招
待狀請其臨式望爲致意並祈尊裁
十二月二十日　午後一時　臺北本部發會式於淡水館(大稻埕)舉行
同　廿二日　同　臺中支部發會式舉行
同　廿四日　同　臺南支部發會式舉行
(評議員之氏名另記報别紙)
又對於貴區內各保正本會欲發佚賴狀托其依貴下之指揮爲本會勸誘種々之
補助該保正住所氏名願祈詳查從速示曉爲幸又本會發會式當日本當自本會
須應發招待狀希催各位保正之臨式所遺憾者不詳其住所氏名貴下轉達有勞
代請其臨式爲幸又貴區內之參事紳士及今後應受紳章之資格者有識有力名
望家者於貴下之高見祈册洩其氏名住所勞煩一一通報此後本會時常派遣役
員於貴區內傳陳本會之宗旨及總裁板垣伯爵之主旨使普及本會之目的自然
右等列位不論直接間接能賴爲本會盡力又以訪問或以書簡呈贈須採其便宜
之方法希爲致意並祈欲通知各位保正住所氏名時順速通報是禱又本會總裁
板垣伯爵以左記之日程巡回各地而滞在中不論何時切勿畏懇請其來訪於面
接上得知本會之宗旨請貴下將此事詳細轉達各有志者知之又希望貴下如有
順道請與伯爵一叙此亦伯爵之所囑望也
又總裁伯爵雖豫定本月二十六日歸京而其理事及幹事等在臺分擔臺北臺中
臺南各部駐在以後時常巡回各地以期會員及將爲會員住民諸君之集合爲互
相談話講演如貴區內住民諸君有希望講演者可向本會事務所請求立即出張
以應其請不論何時可以申請
又會員勸誘之義非一時之事乃不息不休之事柄也總裁伯爵滞在中勿論此事
非一旦而得完備然若於發會式之當日明臺招得多數之會員者亦可對伯爵老
軀長途爲此遠征渡臺而安慰其衷心哉然當此短日月之間似貴下鼎力之熱心
必得相當之會員可卜而知而伯爵歸京後本會亦須將當地日日之形勢報告上
聞總望貴下極力勸誘而得接續增加會員如此於報告伯爵吾輩亦有榮光矣而
且不負伯爵委囑之義希祈致意鼎力是所深望也
又如得一家族中父子兄弟皆入本會爲會員者此他日本會有所目的計畫於實
行上之際甚有益也幸祈鼎力勸誘譬如家長爲特別會員其他之家族數人爲正
會員若如此者誠爲伯爵希冀之至也
另者本會本部之事務所設在臺北大稻埕港邊[illegible]街四十五番戶於本月八日辨
理一切事務倘貴下爲本會事務上到北者本事務所雖非華麗美屋然亦可容任
宿幸祈光臨爲盼倘要入會申込書及本會定款者祈付信來知立即寄上該郵便
費用當由會費中支理
大正三年十二月八日
臺北大稻埕港邊街
臺灣同化會

國立臺灣文學館典藏，登錄號：NMTL20100022525 ，黃得時 捐贈

臺灣同化會定欵

一九一四年林獻堂邀請板垣退助來臺，提倡成立「臺灣同化會」。臺灣同化會定欵共八頁，十七條會內規章。內頁第一頁附趣意書說明設立緣由，並發布本部與臺中支部、臺南支部發會式的舉行日期、地點及評議員名錄（另記別紙），希望眾人參與並推薦他人加入本會。

一九一九年我從廈門博愛會醫院退職回到彰化，就在市仔尾重新開業。同一年底，我的好友王敏川在東京留學，參與組織新民會、創辦《臺灣青年》。一九二一年臺灣議會請願運動在東京正式開始，我後來也有參與。同一年秋天，在臺北的同志則為著另外一件大事忙碌著。

起初，蔣渭水到霧峰拜訪林獻堂，討論臺灣文化協會的組織事宜，後來在吳海水、林麗明的協助下，起草文協趣意書與會則，並開始招募會員。在一封九月二十五日由「臺灣文化協會創立事務所」發出的開會通知單上，原先預定是十月九日舉辦發會式，但不久後改為十月十七日在神嘗祭當天，臺灣文化協會在臺北靜修女學校創立總會，舉行發會式。

臺灣文化協會創立事務所開會通知單

一九二一年蔣渭水在吳海水、林麗明的協助下，成立臺灣文化協會創立事務所，位址在臺北大稻埕的大安醫院。一九二一年九月二十五日蔣渭水等人寄出開會通知單，告知籌備委員十月二日召開會議，協議預計於十月九日舉行文化協會發會式。

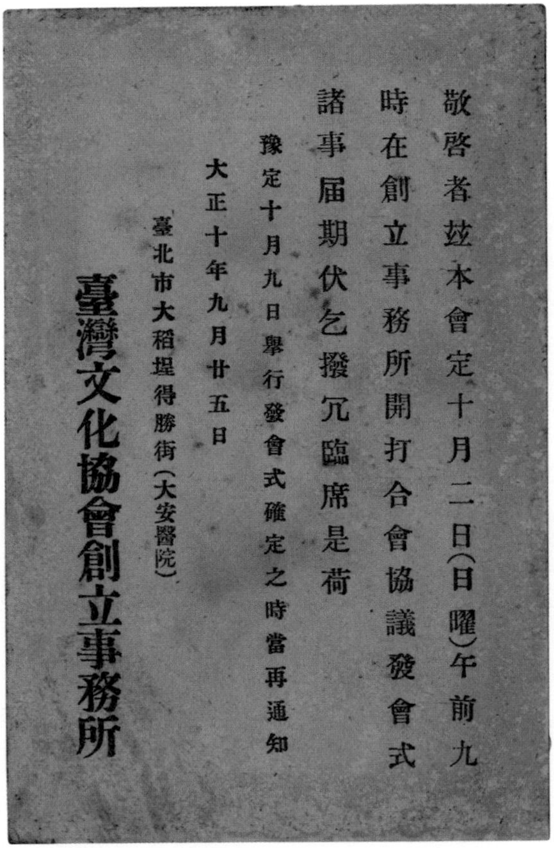

敬啓者茲本會定十月二日(日曜)午前九時在創立事務所開打合會協議發會式諸事届期伏乞撥冗臨席是荷

豫定十月九日舉行發會式確定之時當再通知

大正十年九月廿五日

臺北市大稻埕得勝街(大安醫院)

臺灣文化協會創立事務所

劉克全 提供

臺灣文化協會成立邀請卡

臺灣文化協會創立事務所於一九二一年十月十日發函，信中以「白蘋紅葉」、「玉露金風」、「天高馬肥」形容物饒豐收的秋天時節，臺灣文化協會決定於十月十七日在臺北靜修女學校創立總會，並舉行發會式。

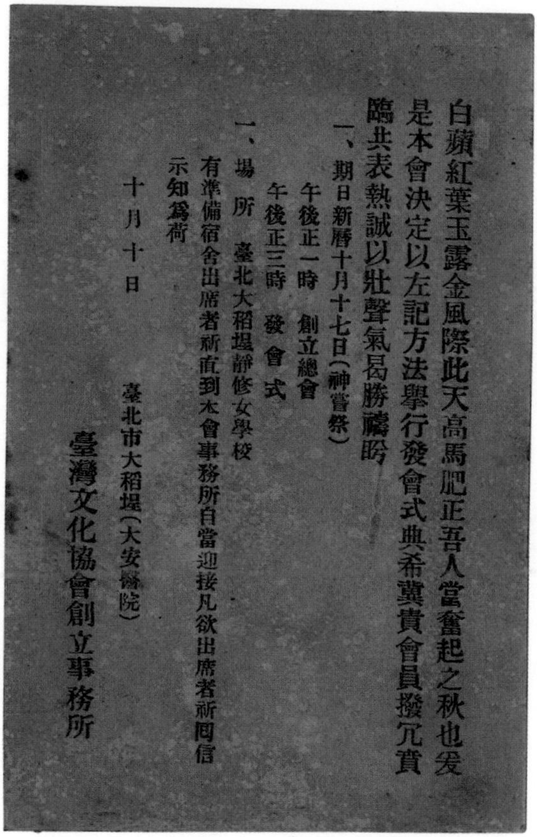

白蘋紅葉玉露金風際此天高馬肥正吾人當奮起之秋也爰
是本會決定以左記方法擧行發會式典希冀貴會員撥冗賁
臨共表熱誠以壯聲氣曷勝禱盼

一、期日　新暦十月十七日(神嘗祭)
　　午後正一時　創立總會
　　午後正三時　發會式
一、場所　臺北大稻埕靜修女學校
有準備宿舍出席者祈直到本會事務所自當迎接凡欲出席者祈回信
示知爲荷

十月十日

臺北市大稻埕(大安醫院)
臺灣文化協會創立事務所

劉克全　提供

因為蔣渭水的推薦，我被指定為文協理事。我原本寫信希望他能夠把理事取消，但後來因為留學東京的同志的勸說，以及那值得紀念的一日，一九二三年十二月十六日治警事件的刺激，我同樣抱著犧牲的覺悟，四處參加文化演講的活動，並開始在《臺灣民報》發表新文學的作品。

但是經過這幾年的打拚，官府對百姓的壓迫並無減少，二林事件、竹林事件這款運動，未來應該還是會繼續發生。甚至後來，「講文化的」也變做二派了。這種矛盾的心情和經過，實在使人壓抑不了。

就以阿四為主角，寫出這一切吧。

賴和〈阿四〉手稿

賴和以自傳式小說撰寫而成，主角阿四一開始充滿熱情，但畢業後在醫院工作時，體會到內地人與本島人之間的不平等待遇。後參與文化協會，經過治警事件、竹林事件，積極投入文化演講。當時聽講的一般民眾，引頸期盼文協能帶給他們幸福，但事實上文協是否能帶給民眾幸福？賴和將自己化身為阿四，寫出憂悶矛盾卻不願放棄任何努力的心境。

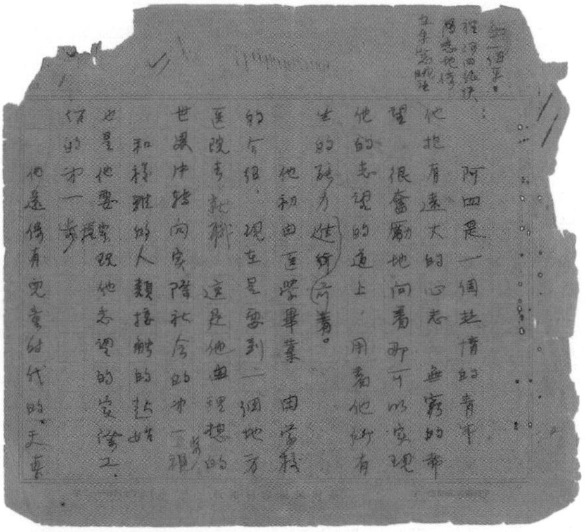

財團法人賴和文教基金會　提供

◎參考文本

賴和，〈阿四〉，《新編賴和全集・小說卷》，國立臺灣文學館、前衛出版社，2021 年 5 月，頁 168-178。

賴和，〈赴會（稿本）〉，《新編賴和全集・小說卷》，頁 217-224。

文協動知識

竹林事件

Q 賴和小說〈阿四〉內提到的「竹林事件」，你知道它的由來嗎？

A 在談一九二五年發生的竹林事件之前，必須先提起「林杞埔事件」。

一九〇八年臺灣總督府規劃嘉義廳、南投廳、斗六廳（現今嘉義竹崎、南投竹山、雲林古坑）地區一帶竹林為「模範竹林」，強行收歸為國有地，以低價補償金強迫居民蓋印出讓。「模範竹林」後轉由三菱造紙株式會社經營，在殖民政府強烈壓制下，失去經濟來源的農民與地主的不滿情緒逐漸高漲。一九一二年三月二十三日，居住在南投廳遭日警欺壓的劉乾、林啟禎，號召庄民起義，襲擊頂林（現今竹山鎮頂林里）警察派出所，造成三名日臺籍員警死亡，事後在林杞埔支廳搜捕下，劉乾等人被判處死刑，這是日治時期第一起農民抗暴事件，也稱「林杞埔事件」。

至一九二五年，三菱會社借地年期將至，各地庄民請願，要求歸還竹林權益，發起的農民請願運動稱為「竹林事件」。簡單來說，此次請願是一九一二年林杞埔事件的後續。

過去將林杞埔事件與竹林事件誤以為是相同的事件。在《新編賴和全集》中，根據《臺灣民報》〈關於竹林事件之陳情〉的資料，釐清林杞埔事件與竹林事件為不同年代發生的事件。

參考資料

賴和，〈阿四〉，《新編賴和全集．小說卷》，國立臺灣文學館、前衛出版社，2021 年 5 月，頁 177。

〈關於竹林事件之陳情（於四月六日竟被劫下）〉，《臺灣民報》，1925 年 5 月 11 日，第五版。

學問是人人都攏著ài有——一起來認字，知曉天下事

蔡培火

Love Letter

蔡培火	
（一八八九— 一九八三）	
雲林北港人	

To taiwan, to people

臺灣總督府國語學校師範部畢業，先後於阿公店公學校及臺南市第二公學校任教，一九一四年因參與臺灣同化會而遭免職。後得林獻堂、高再得等人資助留學日本，參與在日的臺灣人組織。回臺後活躍於文化、政治場域，參與、編輯《臺灣青年》、《臺灣》、《臺灣民報》、《臺灣新民報》等。羅馬字運動是蔡培火在戰前推行的重要工作，跨越戰前戰後經過幾次變革，包括因應日本語平片假名、北京語的注音符號，蔡培火始終認為唯有讓大眾以最便捷、快速的方式學習閱讀，才是促進文化提升及互為溝通的方式。其以羅馬字寫成之《Cha̍p-hāng Koán-kiàn》（十項管見）最具代表性，堪稱是臺灣第一部白話散文專書。

一九二一—一九二五年，文協人不畏日本殖民當權，懷抱一疊疊書刊，走進廟宇，跑過一間間事務所，走過體育會等地，將知識化作日常的風景。他們不要知識只是文字圖像背景，攤開各式日文、漢文的報紙，朗誦、講演《臺灣民報》、《大阪朝日》、《科學智識》等各類主題。

他們有一個願望，讓大眾在讀報的聲音裡，了解世界的變化——臺灣人不是次等人，是世界第一等的臺灣人。

蔡培火是其中一位文協人，他意識到「識字」是阻斷大眾接觸文化的關鍵，十三、十四歲的夏天，兄哥把十幾個字母的教會羅馬字放到他手心裡，兄弟倆之間從此暢通了紙上的溝通。這是蔡培火第一次感受到語言本身易學性、易讀性的力量，具有打通人心的能量。

站在社會運動前端的蔡培火，回望教會羅馬字的歷史，從十九世紀以來，教會羅馬字一直是教徒閱讀天下事的底蘊，有一天，也可以是全臺灣人的內功。面對漢字背後糾葛的民族主義之爭，他惦記初次書寫的感動與震撼，積極推廣源自教會的「白話字」，寫下《Cháp-hāng Koán-kiàn》（十項管見）外，也獲得夥伴林獻堂、陳逢源一行人的支持，在一九三〇年代引領白話字運動走向高峰。

不為誰而做的歌——蔡培火戰前活動及其〈臺灣自治歌〉

林佩蓉

二十七歲（民國四年）二月被免去教員之職，三月末受林獻堂之資助，將老母及妻女交託親屬供養，單身奮然赴日本東京留夢。

蔡培火〈臺灣光復前之經歷〉[1]

這是蔡培火第一次「拋家棄子」，為了自己及他所認為的臺灣未來而作的決定。雖因參與「臺灣同化會」被免去臺南第二公學校的職務，但蔡培火用短短一個月的時間，就籌措到留學的資金，前往日本東京高等師範學校就讀，正好迎上了在京臺灣青年，因大正民主思潮而思想躍進的時刻。在近年來出土的「蔡培火書信稿」中，可以見到他為了將來的出路，非到東京留學不可的決心。[2]僅憑藉著一面之緣，蔡培火以書信向人在東京的林獻堂募資，該信的起草日期為三月二十四日，但他在三十日就收到資金，蔡培火因此再次去信表達感激之意。林獻堂的幫助是讓「旱田得雨，枯木逢春」，蔡培火的留學之路終得成行。同樣給予甘霖的，還有臺南高家的高再得醫師，以及岳父吳紅毛。從蔡培火的書稿可以得知，其岳母應當無法理解其留學遠行的決定，只好請求岳父代為說明，並囑託他照應自己的母親及妻女。

蔡培火留學時以教育為優先，自言要為林獻堂在一九一二年籌備專為臺灣人所創立的學校——臺中中學所需要的師資而努力。但適逢東京臺灣留學生奮起的風潮，蔡培火投入當時臺灣留學生籌組的各式團體，並開始辦雜誌、報紙，其後參與臺灣議會設置請願運動以及臺灣文化協會。

快讀蔡培火

蔡培火（一八八九—一九八三）出生於雲林北港，其父蔡然芳經營雜貨商店，並開設私塾，教授漢學。一九〇六年進入臺北國語學校師範部就讀，此時臺灣總督府正推行近代化教育，幼時曾在私塾學習漢文的蔡培火，面對「新」教育與「舊」傳統的衝擊，藉著日語接觸了殖民統治下帶來的「進步」。

一九一〇年蔡培火自國語學校師範部畢業，被分發到岡山公學校（今高雄市岡山國小）擔任訓導，一九一二年轉任臺南第二公學校（今臺南市立人國小）執教。一九一四年參加板垣退助來臺籌組之「臺灣同化會」，開始接觸林獻堂，不久之後總督府旋即令該會解散，蔡培火也因此遭到學校退職。一九一五年受林獻堂、高再得等人資助前往日本東京留學，成為後來臺灣政治及文化運動的旗手。彼時東京的臺灣留學生先後成立聲應會、啟發會、新民會，一九二〇年七月創刊《臺灣青年》（後更名為《臺灣》），同年十二月發起「臺灣議會設置請願運動」，一九二一年十月在臺灣成立「臺灣文化協會」，[3]直至一九三四年九月臺灣議會設置請願運動由總督府下令停止，一九三五年二月羅馬字運動遭中川健藏總督勸停，一九三七年八月「臺灣地方自治聯盟」解散，歷經十餘年間的政治運動，蔡培火無役不予。一九三七年七月底，蔡培火帶著兒女離開臺灣，到東京開設「味仙」餐廳。一九四三年餐廳結束營業，將兒女託付日籍友人，蔡培火前往中國上海。一九四五年八月與田川大吉郎等人前往重慶途中，收到日本戰敗訊息，直到一九四六年一月加入中國國民黨，二月初返回臺灣。蔡培火停留在中國的時間僅有五個多月，[4]爾後在國民政府來臺前，亦短暫往返中國，活動內容多與當時國民政府與日本政府的「日華交涉」有關，[5]這段經歷使蔡培火成為國民政府第一批任用於官職的臺灣人。

為自己而唱的歌——關於〈臺灣自治歌〉的創作時間

論及蔡培火的戰前事蹟，其〈臺灣自治歌〉多為後人所傳頌，有關該作品的生成背景，本文將略作梳理，試圖釐清其創作的時間脈絡。與文協相應相生的「臺灣議會請願運動」，在一九二三年十二月遭逢了「治警事件」，一九二五年二月判決，蔡培火與蔣渭水等人判刑四個月，「獄中做〈臺灣自治歌〉」蔡培火如是說。[6]然而這樣的說法，卻無法對應自己一九三一年四月十六日之日記內容：「我在這幾日中又做一首歌，名叫〈臺灣自治歌〉，歌詞是在東京出發起日前作的，樂譜是在此船裡作的，可是恐需要大修捨。」[7]此外〈臺灣自治歌〉手稿標記時間為一九三一年四月十三日，這與日記所載相符，也接近一九三〇年八月成立的「臺灣地方自治聯盟」，蔡培火應為此聯盟成立所作的歌曲。而在一九二九年《臺灣新民報》曾刊登蔡惠如、陳逢源等人的「獄中之作」，其中並未有蔡培火。戰後葉榮鐘的《日據下臺灣政治運動史》，也未刊載此首「獄中之作」。回憶總有時間的差遲，但對於重視自己的日記，甚且會再回頭閱讀並且註記的蔡培火而言，對於回憶自己的作品，出現這樣的誤差，就不得不讓人疑惑。

這首〈臺灣自治歌〉的歌詞至今仍然激勵人心，而「自治」是蔡培火歷經參與日人同化思想後的提煉。一九二〇年底，「六三法撤廢運動」轉換成為「臺灣議會設置請願運動」，蔡培火在此過程中充滿了「同化」與「自治」思想的轉變與折衝。回顧其參加臺灣同化會的原因，即是希望臺灣人能與日本人在教育上享受同等的資源，期待透過對臺友善的有力日人協助，達到內臺在教育、實業、人材應用上應一致的理想，其所支持的「六三法撤廢運動」，也一樣是在與日本人「平等」的理念下進行的。當林呈祿等人否定「六三法撤廢運動」的可行性，而主張以自治路線向日本政府爭取法律上的權利、參與政治時，蔡培火則認為臺灣在自治前，依然必須先爭取到「日臺同化」的權利，他所關注的始終是臺灣人在總督府治理下所遭受的種種不平等待遇。終究，配合當時林呈祿等多數人意見，蔡培火投入了議會請願運動，「自治」作為他在政治運動上的主張，「同化」成為他嚮往追求日本引進的近代文明。在〈臺灣自治歌〉中所提到的：

著理解著理解／阮是開拓者不是憨奴才／臺灣全島快自治／公事阮掌是應該／……百般義務咱著盡／自治權利應當享。[8]

「是開拓者不是憨奴才」成為當時臺灣人面對殖民政府威脅時的用語，[9] 臺語唸讀與吟唱充滿力道。如前所述，這首歌完成的時間，是一九三一年蔡培火在返臺的旅程中所完成，歌詞中強調臺灣人的生存權，看似具有「主權」，卻得盡「百般義務」，這義務顯然與日本治理政策相應。蔡培火強調臺灣人的尊嚴，在殖民統治下不應成為日人所鄙視的「憨奴才」，要認清自己的身分是這島嶼上的「開拓者」，因此要勇於任事，也要具有相當的智識。而「全島自治」、「掌管公事」正是讓臺灣人成為帝國人民的確據。這是他一心嚮往與日人同樣擁有參與政治權利的證明。

從臺灣議會期成同盟會自一九二一年到一九三六年共計十五年十三次請願運動，到臺灣地方自治聯盟的成立與衰敗，這段時間臺灣知識分子階層充斥著多元思想，如代表左翼的階級運動與右翼的民族運動，或是臺灣報社與文化講演活動等事務，以及臺灣羅馬字運動的理念宣達等，但蔡培火無論是面對臺灣島內同胞的不同聲音，或是與日本官員進行斡旋，都是滔滔不絕的辯論與巧妙閃避，展現其政治說客的靈巧才能。例如推動臺灣白話文羅馬字運動、《臺灣民報》遷臺發行、《臺灣新民報》轉為日刊、鴉片牌照發放等事務，以下列舉其在日記中的記載，藉以呈現蔡培火身為政治說客的幾個面向：

（一九二九年四月二十五日）將昨晚草成的白話字普及的趣旨及計劃書，提交給保安課長，面會警務局長……會文教局長石黑，前年伊澤總督時不認許，彼時他就對這個問題有關係，他此時還是說不得用羅馬字，豈不成和他大論一場……[10]

（一九二九年七月十六日）至今我所有有關的公事，所用的苦心就是對這個用得最多（指《臺灣民報》於一九二七年由東京轉回臺灣發行一事），……在總督府中直接對民報社的移轉有關係的是警務局，在警務局內特別有關係的是保安課課長，那時是小林光政當課長，照我的看法，此人是總督府警察官吏中最有才幹的人，他和我的立腳點當然相反，但是此君實在是有本事……[11]

（一九三〇年二月五日）……事情能生這個結局出來（指鴉片煙牌的發放日期無限延期），卻也有很多人共同用心……從中最有力的就是前任總督伊澤先生、植村正久牧師娘及石塚總督夫人，又表面的力量是從阪谷、宮島、田川這些人出。[12]

（一九三〇年九月七日）自到東京以來，專爲日刊（《臺灣新民報》）新聞許可的事對各方面陳情求諒解，如今必須會的也會過了。拓務省裡上田大臣也明明表示好意，贊成許可。其中小村事務次官跟我講最明白，他講不久石塚總督要上京，他一定對他主張許可……絕不辭與他衝突。[13]

一九二九年到一九三六年間，蔡培火頻繁的往來日本東京與臺灣，按其日記所記載的，大部分的時間都是為了《臺灣民報》與《臺灣新民報》的社務，以及臺灣白話文、羅馬字的推行運動。透過日記可觀察出蔡培火與內地、本島的日人官員斡旋的情況。除此之外，也可看出蔡培火對於殖民者的官僚系統具有一定程度的了解，無論是請願或是請益，蔡培火的身影穿梭在對立的立場、合謀的妥協之間。

蔡培火的生命中，從欲抵抗被支配的命運，展開到不斷在政治系統中尋求位置。其混雜性，來自於他所承認的殖民統治下「近代化」事實，他拋棄抵抗近代化中的殖民事實，參與「臺灣同化會」就是一個開始。這是蔡培火的抵殖介面（interface），為求自己的社會位置以及臺灣的生存方式，他面對「同化」後的事實，挪用統治者所「認同」的觀點，而這即是吳叡人所說的「像臺灣人這樣的弱者總是經常性面對認同與主體崩解的危機，或者根本就是『在認同與主體持續崩解過程中，不斷試圖重建認同與主體』——以前日本同化，接著國民黨同化，現在是面臨極權中國特同化威脅，我們認同與主體不止從來沒有一刻是安穩的，而且事實上已經崩解多次、重建多次，根本找不到穩定的本質。[14]」蔡培火的一生正巧驗證了這樣的論點。

註

1 張漢裕主編，《蔡培火全集 · 家世生平與交友》，吳三連台灣史料基金會，2000 年 12 月，頁 70。

2 蔡培火，「蔡培火書信紀錄筆計畚」，NMTL20190200005，國立臺灣文學館典藏品。

3 林柏維，《臺灣文化協會的滄桑》，臺原出版，1993 年 6 月；林佩蓉，《抵抗的年代 · 交戰的思維——蔡培火的文化活動及其思想研究（以日治時期為主）》附錄年表，國立成功大學臺灣文學系碩士論文，2005 年 6 月。

4 蔡培火，〈家系與經歷（一九六八、五）〉，《蔡培火全集 · 家世生平與交友》，頁 81。

5 引用蔡培火日華親善的文章。

6 蔡培火，〈臺灣光復前之經歷〉，《蔡培火全集・家世生平與交友》，頁 65。

7 蔡培火，一九三一年四月十三日日記，同上註，頁 170。

8 賴淳彥，《蔡培火的詩曲及彼個時代》，吳三連台灣史料基金會，頁 34。

9 2021 年 9 月 14 日，駐德代表謝志偉曾以「阮是開拓者不是憨奴才」聲明臺灣的主體性。https://newtalk.tw/news/view/2021-09-14/636211，https://www.facebook.com/OfficialFansPageShieh/posts/4444825988918472。查詢日期 2021.9.16。

10 張漢裕主編，《蔡培火全集・家世生平與交友》，頁 92。

11 同上註，頁 98。

12 同上註，頁 119。

13 同上註，頁 145。

14 吳叡人，〈奧林帕斯的凝視〉，駒込武，〈臺灣人的學校之夢〉，國立臺灣大學出版中心，2019 年 4 月，頁 xiv。

文物故事

（文物故事皆由參考文獻進行改寫）

說書人：蔡培火

小時候兄長教導的羅馬字，對年幼的我來說，這就是一種「啟蒙」。

文化協會常常說的「啟蒙」是什麼？

在日本時代，我真打拚推廣白話字。其實有這些成就，攏是要歸功於一九一〇年代在臺灣同化會上與林獻堂等人相識。同化會解散後，我失去公學校訓導的工作，就決心要去東京留學。那時想到用「募資」方式，寫信給僅有幾面之緣的林獻堂、臺南高再得醫生、丈人吳紅毛等。我抱著熱情和懇切的心，希望能獲得大家的支持，就將謄好的信一封封寄出。因為這些親友的幫忙，我才可以進入東京高等師範學校就讀。

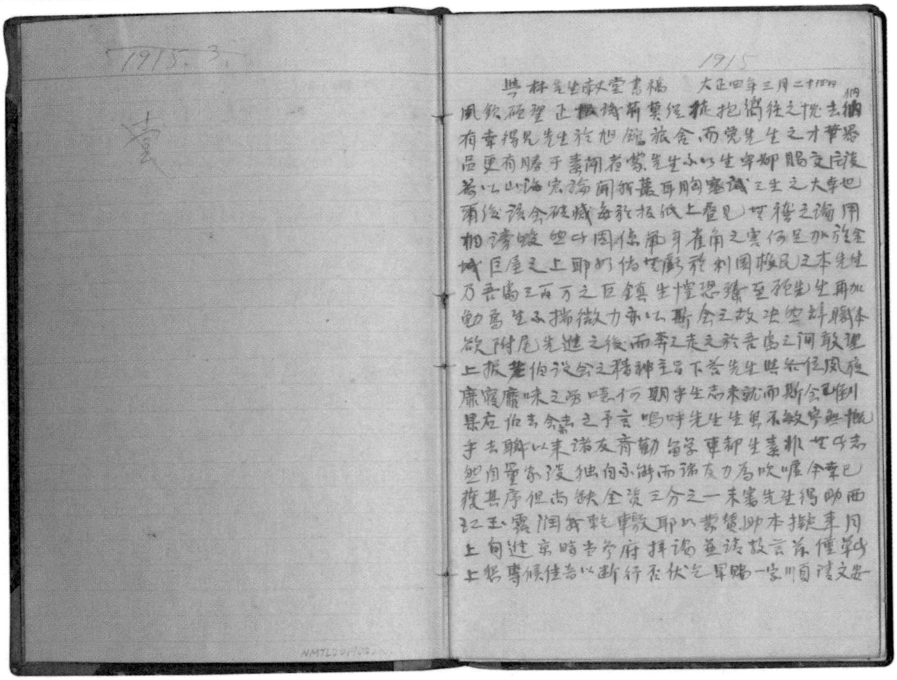
1915. 3.

臺

1915

與林先生獻堂書稿　大正四年三月二十日

國立臺灣文學館典藏，登錄號：NMTL20190200005

蔡培火書信紀錄筆記本

這本筆記本可謂是近代臺灣第一代新式知識分子海外留學的募資紀錄，為了突破困境、擴增眼光，原住雲林北港的蔡培火婚後定居臺南，為自己的未來打造集資平臺，內容多為文言，引經據典，日後蔡培火也常與林獻堂漢詩敬和。

臺灣文化協會成立時，我獲得指名擔任理事，後來接蔣渭水之後，擔任文協常務理事，並將文協本部遷移到臺南。一九二六年在東京購買數十卷教育影片，成立「文化寫真部」，巡迴臺灣各地放映，推進文化協會的啟蒙運動。一九二六年五月，文協理事會在霧峰林獻堂宅召開，其間討論夏季學校是否續辦、獎勵漢文、羅馬字普及案等問題。最後理事會決議推舉我、陳逢源和謝春木為羅馬字委員。但更為重要是會後討論「組政治結社」的問題，這就為後來文協的分裂埋下伏筆。

文化協會分裂之後，對於羅馬字的推行想靠自己試試看。剛開始沒那麼容易，先以臺南民眾俱樂部的名義召開會員研究會，廣發廣告邀集，本來已經招募六十名成員，結果臺南警察署阻擋無法召開。只好一日奔走四次，終於「有條件」的允許。

研究會是一回三期，每一期二禮拜，總共六週。前二個禮拜如果認真學習，就可領會白話字的精髓，再練習二禮拜就可以熟練。一九二九年第一回白話字研究會結業式，會員們還一同攝影，作為紀念。其實參與的婦女人數實際上比寫真還多，大概快四十人，只是因為她們害羞拍照或是不被允許拍照，所以看起來人比較少。後來一九三一年又舉辦第二回研究會。

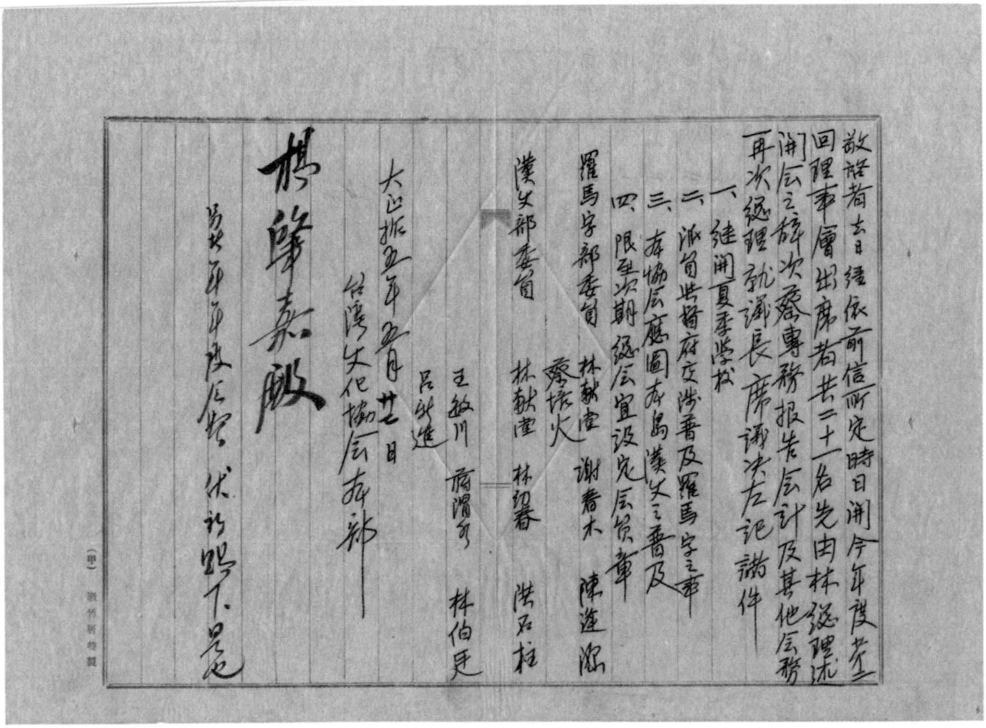

敬啓者去日經依前信所定時日開今年度第三回理事會出席者廿一名先由林總理述開会之辭次蔡專務報告会計及其他会務再次總理就議長席議決左記諸件

一、繼開夏季學校

二、派員赴督府交涉普及羅馬字之事

三、本協会應圖本島漢文之普及

四、限至次期總会宜設定会員章

羅馬字部委員　林獻堂　謝春木　陳逢源　蔡培火

漢文部委員　林獻堂　林幼春　洪石柱　王敏川　蔣渭水　林伯廷　呂靈進

大正拾五年五月廿七日

台灣文化協会本部

楊肇嘉殿

茲將右件報告　伏祈照亮是荷

(甲)　撒布所特製

六然居資料室　提供

●臺灣文化協會本部致楊肇嘉信函

一九二六年五月十五、十六日於霧峰林獻堂宅開設臺灣文化協會理事會，此次會議討論夏季學校是否續辦、獎勵漢文、羅馬字普及等議題，當中羅馬字普及案引起會員議論。一九二六年五月二十七日，文協本部致楊肇嘉信函，信中說明理事會決議之事項。

國立臺灣文學館典藏，登錄號：NMTL20190200083

臺灣白話字第一回研究會紀念會員合照

一九二九年四月二十二日，蔡培火（三排左七）、王受祿（三排左八）、韓石泉（三排左九）與臺灣白話字第一回研究會學員合影於武廟。

擔任講課的先生，當然白話字的課本，都是自己設計，只不過還在實驗性質，所以第一回跟第二回課本有很大的不同。因為一九三一年到東京進行議會請願，碰到伊澤多喜男，他建議以「アイウエオ」寫臺灣話。我感覺可以試看看，返臺後開始投入日語假名（カナ）拼寫、部分新造及採用少許中國發音符號，構成新式白話字，也就是第二回白話字課本的自創文字。

這些文字對現在的人來講根本看無，實在推廣白話字並無容易。想起母親過世前幾日與我說，伊較歡喜我普及白話字，伊認為這樣較清白、較善。與我做事的很多朋友，甚至無理解我做的事情，但是我的阿母竟然贊成，我真慶幸這些甘苦，伊都知道並且支持，我把這些心情都寫在日記內。

新式臺灣白話字課本（第二回白話字研習會）

封底註明昭和六年（一九三一）六月二十八日。對照《蔡培火日記》，此應為一九三一年舉辦第二回白話字研習會之課本，日記中亦提到由於大部分是五十音的字母，如有讀過公學校的人就能認識，要普及更為容易。

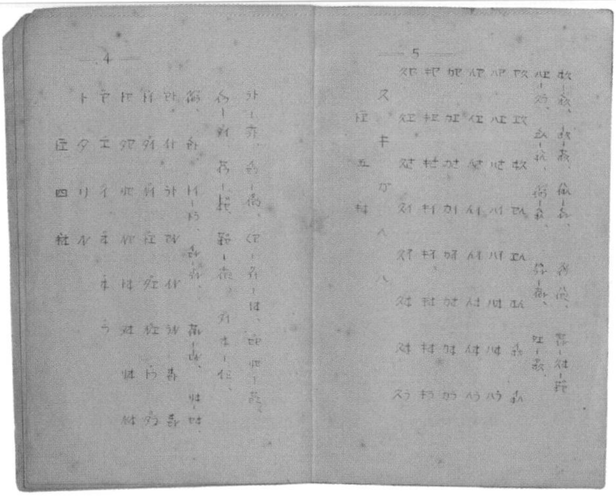

國立臺灣文學館典藏，登錄號：NMTL20190200008

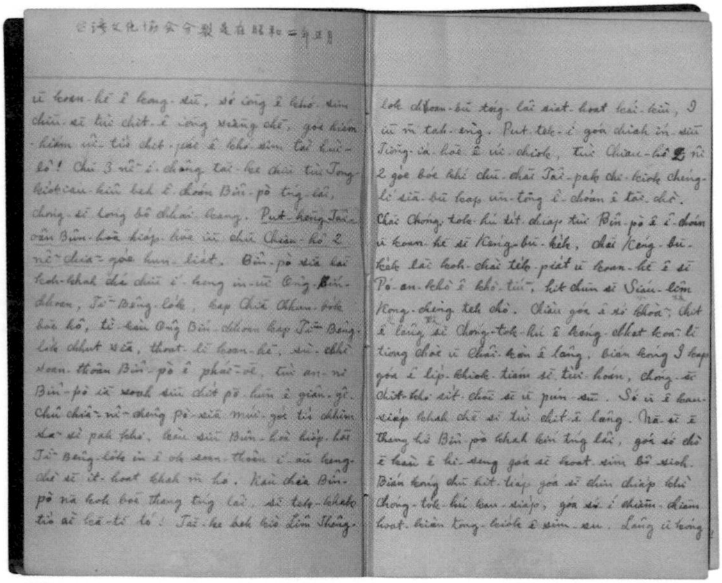

國立臺灣文學館典藏，登錄號：NMTL2019020000

●蔡培火日記一九二九－一九三一

以書寫體羅馬字寫成日記，全冊的日記的時間不固定，最多間隔十餘天，頻繁出現的是羅馬字運動的工作，包括編寫白話字課本，以及開設「白話字研究會」等。本頁標記紅字「台灣文化協會分裂是在昭和二年正月」應為蔡培火再度閱讀時的標記。

◎參考文本

〈文協理事會議——議決再開夏期學校〉，《臺灣民報》，1926 年 5 月 30 日，第 5-6 版。

張漢裕主編，《蔡培火全集 · 家世生平與交友》，吳三連台灣史料基金會出版，2000 年 12 月。

文協動知識

台南教會報

Q【新聞快訊】一九一二年六月《台南教會報》有一則來自英國的消息，看看國際上發生什麼大事？

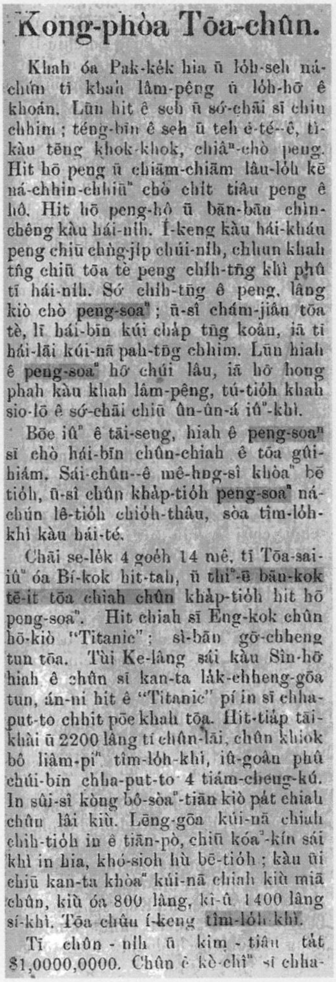

Kong-phòa Tōa-chûn.

Khah óa Pak-kek hia ū lóh-seh ná-chún ti khah lâm-pêng ū lóh-hō͘ ê khoán. Lūn hit ê seh ū só͘-chāi sī chiu chhim; téng-bīn ê seh ū teh ė-té--ê, tì-kàu tēng khok-khok, chiâⁿ-chò peng. Hit hō peng ū chiām-chiām lâu-lóh kē ná-chhin-chhiūⁿ chò chit tiâu peng ê hô. Hit hō peng-hô ū bān-bān chìn-chêng kàu hái-nih. Í-keng kàu hái-kháu peng chiū chǹg-jip chúi-nih, chhun khah tn̄g chiū tōa tè peng chih-tn̄g khì phû tī hái-nih. Só͘ chih-tn̄g ê peng, lâng kiò chò peng-soaⁿ; ū-sî chám-jiân tōa tè, lī hái-bīn kúi chȧp tn̄g koân, iā tī hái-lāi kúi-nā pah-tn̄g chhim. Lūn hiah ê peng-soaⁿ hō͘ chúi lâu, iā hō͘ hong phah kàu khah lâm-pêng, tú-tióh khah sio-lō ê só͘-chāi chiū ûn-ûn-á iûⁿ-khì.

Bōe iûⁿ ê tāi-seng, hiah ê peng-soaⁿ sī chò hái-bīn chûn-chiah ê tōa gûi-hiám. Sái-chûn--ê mê-hn̂g-sî khòaⁿ bē tióh, ū-sî chûn khȧp-tióh peng-soaⁿ ná-chún lê-tióh chióh-thâu, sòa tîm-lóh-khì kàu hái-té.

Chāi se-lek 4 goėh 14 mê, tī Tōa-sai-iûⁿ óa Bí-kok hit-tah, ū thiⁿ-ē bān-kok tē-it tōa chiah chûn khȧp-tióh hit hō peng-soaⁿ. Hit chiah sī Eng-kok chûn hō-kiò "Titanic"; sì-bān gō͘-chheng tun tōa. Tùi Ke-lâng sái kàu Sìn-hō͘ hiah ê chûn sī kan-ta lȧk-chheng-gōa tun, án-ni hit ê "Titanic" pí in sī chha-put-to chhit pōe khah tōa. Hit-tiáp tāi-khài ū 2200 lâng tī chûn-lāi, chûn khiok bô liâm-piⁿ tîm-lóh-khì, iû-goân phû chúi-bīn chha-put-to 4 tiám-cheng-kú. In sûi-sî kòng bô-sòaⁿ-tiān kiò pát chiah chûn lâi kiù. Lēng-gōa kúi-nā chiah chih-tióh in ê tiān-pò, chiū kóaⁿ-kín sái khì in hia, khó-sioh hù bē-tióh; kàu ūi chiū kan-ta khòaⁿ kúi-nā chiah kiù miā chûn, kiù óa 800 lâng, kî-û 1400 lâng sí-khì. Tōa chûn í-keng tîm-lóh khì.

Tī chûn-nih ū kim-tiâu tȧt $1,0000,0000. Chûn ê kè-chîⁿ sī chha-

●提示：

peng-soaⁿ：冰山

thiⁿ-ē bān-kok tē-it tōa chiah chûn：天下萬國第一大隻船

tîm-lóh-khì：沉下去

A　在一九一二年六月的《台南教會報》以「Kong-phòa Tōa-chûn」為題，報導同年四月十四日在大西洋發生的鐵達尼號沉船事件。《台南教會報》源自一八八五年七月由長老教會傳教士巴克禮牧師所創辦，會報內容以白話字報導在地教會新聞、英國教會訊息、國際時事、生活百科等，讓不識字的民眾也能透過會報吸取知識，與國際接軌。

說書人

特聘辯士

請諸位勿失此
一舉兩得的
好機緊々來看

盧丙丁

親愛的你

我最近寫了「阿片歌」，正等著有心人來譜曲。雖然寫的是漢字，總是得用臺語唱才有意思。

聽講你最近在學習白話字，去培火先生在武廟佛祖廳辦的研習會，眞是趣味！培火先生是基督徒，並不迷信，大大方方走入廟埕，接觸人民。

伊時時講，世間刻刻 teh 換新，時勢攏總變換了，咱 ai 共同打拚！我覺得伊底話很有道理。

不管按呢講，我關心的還是你。因爲你要認字得知識，生活好起來，我才覺得眞是好。

參考文本：盧丙丁〈阿片歌〉、蔡培火《十項管見》

盧丙丁（一九〇二—？）
臺南市人

筆名守民，臺北國語學校畢業，曾任臺南大內、六甲公學校、臺南州內庄公學校校長。學生時期與蔣渭水交情深厚，參與臺灣文化協會期間，擔任活動寫真隊辯士、參與文化劇團等。文協分裂後，於臺灣民眾黨期間積極參與勞工運動，一九二八年起同時參與臺灣工友總聯盟，為勞工發聲，屢遭日警拘捕，為勞動者的權益努力不懈。

盧丙丁

文協人啟蒙大眾的理想，在各地方的組織開枝散葉，例如臺北青年會、通霄青年會、炎峯青年會、大甲日新會等，都在積極找人作伴。一九二七年，文協人的階級意識殊異到分裂之後，左右都還是向大眾遞出一紙又一紙的情書，例如臺灣民眾黨、新文協、農民組合等等，更努力貼近大眾。

著名的案例，像是臺中霧峰林家的林攀龍，創立「霧峰一新會」，標榜「清新之氣再造臺灣」，期望開展霧峰一帶農庄的自治風氣。又或者是臺南莊松林、林秋梧等人領頭的「赤崁勞働青年會」，發行《赤道報》，鳴放〈無產者的喊聲〉宣示改革社會，自詡為底層勞動者發出怒號。

另一方面，女性主義也乘浪來到。葉陶，就著一只簍子當作講臺，在菜市場大聲傳遞理念，爭取婦女權益。但是，當時的前衛女性，也因此惹惱保守勢力與殖民政府，成為輿論的箭靶，例如女性追求自由戀愛被當作新聞事件而受抨擊為不道德。一九二五年成立的進步女性思想團體「彰化婦女共勵會」，隔年因成員與街長兒子決定私奔而引發報紙筆戰，共勵會就在流言的聲浪中悄悄停止、解散。

臺灣工運「頭兄」盧丙丁

黃信彰

●投身文化創辦的青年教師

盧丙丁（一九〇二—？）筆名守民，出生於臺南市港町二町目的富裕大家族中，祖籍係泉州晉江，家族於清朝時期遷居來臺；盧父以販售木材為業發跡，並因該事業之經營順遂致富[1]。盧氏於一九一七年三月完成公學校教育，同年四月考進斯時臺籍學子們誠然嚮往的學府——臺灣總督府國語學校[2]，後於一九二一年三月間畢業於甫改制的「臺灣總督府臺北師範學校」。

盧丙丁初入社會運動的介面，是以提升文化與知識水準的文化運動為主，遂於一九二一年間與林獻堂、蔣渭水、李應章、吳海水等人協力創建了「臺灣文化協會」。該協會創建後，透過發行雜誌會報、設立讀報社、組織文化宣傳隊及舉辦各種講演會等形式，聲言追求內臺公平並取消差別待遇的諸多訴求，逐漸取得廣大臺灣人民的認同，於是便成為日本殖民臺灣以來，最具震撼力的社會改革風潮。

一九二三年十二月十六日發生的治警事件，對盧丙丁造成社會運動思考上的重大影響，其後遂辭去臺南州六甲公學校訓導之職務，全心投入以臺灣文化協會活動。自一九二四至一九二六年的三年間，主辦臺灣文化協會夏季學校之業務。一九二五年八月結束第二回校務後，同月十日，他便在臺中州的大甲地區展開了他的「文化講演處女秀」。這場夜間講演會聽眾高達三千餘名，將講演現場擠得毫無立錐之地；暖場時由中臺灣名醫彭清靠等人致開會辭後，盧氏以「破壞建設」為題發表講演[3]。

臺灣文化協會常務理事蔡培火，為了在民智未開的臺灣底層社會進行文化啟蒙，乃於一九二六年三月間，因擔任第七次臺灣議會請願委員赴東京，購買了放映機及數捲影片返臺，在臺灣各地巡迴播放。由於此時的影片均為僅具影像的「默片」，需有人聲在旁講述劇情；為此，亟需訓練影片播放時的辯士（解說員）。於是，盧丙丁便與陳新春、郭戊己等三人被聘任為臺灣文化協會活動寫真部（一九二七年後又名美臺團[4]）之「專屬辯士」，受命帶著這套臺灣人甚感新奇的電影設備至各地進行影片放映。

文協美臺團知名辯士

根據《臺灣民報》對於文協活動寫真部的描述：「該部的影帶，都是有名的角色扮演的，尤其中的曲折，很有裨益於民眾的文化上，所以各地的人士，都爭先恐後的去信聘請。[5]」於是，擔任活動寫真部辯士的盧丙丁自此大受歡迎，更因各式講演邀約不斷而逐漸嶄露頭角。例如在一九二六年八月於彰化舉辦集全臺雄辯家於一堂的「全島雄辯大會[6]」中，便邀請盧氏擔任會場講演者。至此，「丙丁仙」之名在臺灣民間不脛而走。

一九二八年至一九三〇年間，臺灣民眾黨舉辦「東臺灣巡迴講演隊」與「全島巡迴講演隊」，由盧氏擔任主要講演者之一。此間，在辯士如林的文化運動中，更見盧氏之口才。

除了各式文化講演與播放電影的活動寫真外，文化劇的演出也是臺灣文化協會推動知識啟蒙的重要措施。一九二〇年代在南臺灣地區最受到矚目的新劇劇團，應屬由臺南跟安平地區人士協力組織的「臺南文化劇團」[7]。

該劇團在一九二七年創立時，主要成員有盧丙丁、韓石泉、王受祿、黃金火、莊松林、蔡培火、林占鰲、梁加升等三十餘人，渠等大多為臺南地區的臺灣文化協會會員。這群臺南文化劇團的主要成員，日後成為在臺南地區指導、參與勞工運動的靈魂人物。後來的罷工運動展開時，他們更是舉辦慰勞演劇和幕前演出時的舞臺主角。

由是觀之，當臺南文化劇團成員在戲裡優孟衣冠、諷諫時事的同時，南臺灣的工會領導班底，實已儼然成形。而其念茲在茲的提升勞工權益，也在一場又一場的劇目演出和講演活動中蔓延，成為臺灣勞工意識抬頭的催化劑。

文協分裂　同志左右紛飛

一九二七年一月，臺灣文化協會分裂，「文協舊幹部[8]」們逐一宣告脫離這艘反殖民運動的「新文化母艦[9]」，並於七月組織臺灣史上第一政黨——臺灣民眾黨。其間又以該年十月一日之退會聲勢最為浩大，《臺灣民報》所列出的名單即有六十六人，包括：林階堂、蔣渭水、林幼春、盧丙丁、戴旺枝、彭華英等。

從臺灣文化協會到臺灣民眾黨，盧丙丁的立場均與斯時主張「理想中須帶著現實性，現實中也須帶著理想性[10]」的蔣渭水頗為一致，以致盧氏在日後遂成為蔣氏在勞工運動上最為倚重的左右手。

臺灣工友總聯盟後，盧丙丁即受公推擔任該聯盟創立（第一次）大會與（第二次）代表大會之議長，盧氏受重於勞工運動之分量可見一斑。尤其新文協勢力於一九二八年新竹事件遭受打擊之後，「許多工人被民眾黨系的工友會陸續吸收為會員[11]」。此際，臺灣民眾黨所輔佐成立的臺灣工友總聯盟，即於一場成功的「大眾爭奪」中，接手全島工運領導權，盧丙丁更是扮演了重要角色。

返回臺南　以工運重整旗鼓

事實上在一九二七年初，盧丙丁已經逐漸結束他在活動寫真部握雲拿霧的精彩演出，開始與舊文協同志們回到他的家鄉臺南重整旗鼓。相較於文化運動，盧丙丁正式以組織成員身分參與勞工運動之時程稍晚，這明顯與臺灣地區反殖民運動是由文化啟蒙運動為始，繼而轉向農民運動、勞工運動有著緊密關連。

據資料顯示，盧丙丁首次因勞工運動受到殖民政府檢束，是一九二七年四月二十二日發生於臺南明治町會館，臺南機械工友會臺南支部響應「臺灣鐵工所罷工事件」之聚會事件。臺灣鐵工所罷工事件，是臺灣勞工運動史上首椿全島響應的罷工事件，由於該鐵工廠一百餘名工人群起罷工後遭資方全部解雇，一時之間，風聲傳遍全臺並引起連鎖效應。為了控制局面，臺南警察署竟將《臺灣民報》採訪記者謝春木，和擔任攝影的盧丙丁等人一併檢束，更對其提出「你此去不可出入他們的集會[12]」之命令。

值得一提的是，盧丙丁在此役之後的社會活動，明顯地更為用心經營南部勞工運動。一則參與諸多臺南工友同情講演會與政談講演會；再則又於同年五月十五日成立「臺南機械工友會」，並擔任執行委員長[13]；三則積極與蔣渭水、韓石泉、王受祿、黃金火等人輔助南部地區十三個工友會之成立[14]。盧氏扮演猶如「指導者[15]」般的角色，在南臺灣地區帶領著基層勞工迎向工運黎明。

擔任臺灣民眾黨勞工部長

一九二七年七月十日臺灣民眾黨正式創設[16]，該黨的黨綱對勞工議題著力甚深。於是乎，整併全臺勞工勢力之議，成為從事社會運動者的主要工作目標。而盧丙丁即以中央常務委員身分擔任該黨第一任勞工部長，主導了臺灣工友總聯盟的成立及各式活動。

一九二七年九月間的「川中鐵工所罷工事件」，係由盧丙丁擔任該事件交涉委員會委員長。事件中透過罷工手段，迫使場主（資方）接受了委員會所提出的，包括日後必須定額賞金、提前通知解雇者與發給資遣費等勞方開出的條件[17]，這是盧氏所領銜的勞工運動中一次重要勝利。

一九二八年初，結合了全臺工會團體勢力的「臺灣工友總聯盟」，在臺灣民眾黨之倡議下成立，主要幹部為蔣渭水、盧丙丁、李友三、黃周、張晴川、王鍾麟與謝春木等人[18]。草創之初共有全臺二十九個工會團體加入，總會員數為六千三百六十七名[19]。此外，該聯盟的成立，亦被《臺灣民報》稱為「臺灣勞働運動史上的一大記錄[20]」。此揭運動，係以盧丙丁等人為首的南部臺籍工運菁英，藉由關懷勞工們的薪資待遇為出發點，加強法律教育和凝聚共識，俾提升日後對抗資方與官方時的團體實力，因而在日後不斷升高的勞資衝突中逐漸取得有利地位，並被殖民當局視為「在規模、戰術方面展開了本島爭議中未曾有的尖銳鬥爭[21]」。

南臺灣社運伉儷身影

盧丙丁於一九二八年間在南臺灣參與的社會運動事件眾多，包括三月間，臺南州新豐郡的「七股庄土地所有權爭議陳請事件[22]」；四月間的高雄淺野洋灰工場罷工事件[23]；五月間，以「遷塚事件」逼退州政府抗爭事件[24]；以及七月間，指導創立南臺灣知名團體——臺南赤崁勞働青年會[25]。在此之中，尤以高雄淺野罷工事件最為震撼。

在淺野罷工事件中，盧丙丁所領銜的臺灣工友總聯盟[26]也正式對此罷工案發動援助，致使此罷工活動「聲勢頗為轉佳，又當得聯盟幹部們的指導，對於維持秩序方面，似無憂慮的地方[27]」。在長達七十八天的罷工日程裡，一度波及全島約二萬之同情聲援與罷工支持；雖然淺野洋灰會社在此事件中損失達三千萬日圓，但近八百名長期罷工者的生計維持還是更為淒涼。最後，因為官方的無理干涉，整個罷工活動在兩敗俱傷的慘痛代價中劃下句點。

除了妻子林氏好也加入社會運動的行列，長期以來盧氏為了抒解臺灣民眾黨的財務支出，甚至還將自己的居家充當該黨臺南支部及讀報社所在地[28]。此般投入臺灣社會運動的情操，與蔣渭水和陳甜之間十分雷同。無怪乎，盧氏多年來不但與蔣氏過從甚密，同時還成為蔣氏在勞工運動聯盟上的左右手。蓋實因氣味相投、英雄相惜之情也。

一九二八年對臺灣的勞工運動來說，是豐富而又充滿紀念性的一年；對盧丙丁而言，則更是走遍全臺、橫跨政黨與工運活動的一年[29]。

工運高峰與再分裂

一九二九年二月十一日，臺灣工友總聯盟在臺南市區的松金樓，召開第二次全島代表大會。此次出席的全島代表共一〇八人，加盟團體達到四十一個，加盟人數更達一千四百四十六人，是當時僅次於臺灣農民組合的全臺第二大社會運動團體。盧丙丁經由眾人的推薦，在議長選舉中以全數通過連任第二屆議長。此階段可視為盧氏從事工運活動的最高峰，也是臺灣勞工運動發展的最輝煌時期。

臺灣工友總聯盟自一九二八年二月成立以來，在將近一年的時間內共處理了全臺十五件重要罷工爭議事件，其中有九件獲得勝利、三件失敗、二件無分勝負、一件仍在保留狀態。大體來說，這是盛大豐收且極具意義的第一年。

根據《重修臺灣省通志》所記，盧丙丁在一九二九年底辭卸臺灣民眾黨黨內職務前往廈門，並有在廈門指導閩南學生辦理聯合會成立之傳聞[30]。一九三〇年八月十七日由林獻堂、楊肇嘉等七十五名發起人，假臺中市醉月樓舉行臺灣地方自治聯盟發會式[31]，反殖民陣營宣告再次分裂。此際，自始至終一直站在勞工立場的盧丙丁業已返臺，並幾度在講演會中發表他反對臺灣自治聯盟的立場。

一九三一年二月臺灣民眾黨被解散後，至同年八月初蔣渭水過世這段期間，盧丙丁繼續他在反殖民運動陣營的耕耘。例如他曾參與因殖民地官員實施加俸減額，致使民眾們所發起的「加俸撤廢運動[32]」。其他關於由臺灣工友總聯盟發起的「反對臺南籾市代行會社設立」事件，以及發表「打倒籾市代行會社[33]」之主張等，亦均可見盧氏穿梭在臺南街頭，對著支持群眾與廣大市民們大聲疾呼的堅定身影。

蔣渭水遺囑筆錄人

一九三一年八月五日，蔣渭水因傷寒過世，造成了臺灣社會運動莫大的損失。堪稱蔣氏勞工運動左右手的盧丙丁，在蔣氏住院時即立刻北上看護[34]，更親自在蔣氏臨終前一日擔任其遺囑筆錄人[35]，並在蔣氏臨終前隨侍在側，發揮了超乎至親手足的同志之愛。其後，盧丙丁受命為「故蔣渭水氏之臺灣大眾葬儀委員」，討論及決議有關蔣氏告別式之磋商事宜。八月二十三日，盧丙丁受膺在葬儀上負責宣讀告別式詞[36]。此間行徑，均呈現出盧氏在臺灣社會運動史上的重要位置。

領袖人物的殞落益發造成反殖民陣營組織上的潰縮，梁加升指出：「臺灣民眾黨被解散後，臺灣工友總聯盟失去領導主體，翌年蔣雪谷先生因病逝世，工友又失去了導師，自是無形消沈了。各地工友會也煙消雲散了，臺灣的工運也可以說壽終正寢了[37]。」此即一九三一年以後，臺灣勞工運動與政黨運動迅速式微，終至消失無蹤的關鍵所在。

臺灣工運「頭兄」盧丙丁殞落

《臺灣新民報》在一九三二年對「臺灣解放運動界概況」之報導中，認為「盧丙丁是聯盟發會式的議長，又是聯盟的中央委員，同君又是民眾黨的解消派，主張參加於工友總聯盟的頭兄[38]」，足見盧氏在臺灣工運史上具有「頭兄」身分的歷史地位。

關於盧丙丁在一九三二年以後的行蹤，目前仍是一個未能完整解開之謎。根據《重修臺灣省通志》的記載，認為盧氏「丙丁後於該黨第三次黨員大會前，辭卸職務，內渡廈門，日據末逝[39]」，對於何以內渡與何以逝世皆未做交代，此情實為史料不足所致。

至於同志間的說法，則有梁加升在回憶韓石泉對勞工運動的支援時提及：「同志中盧丙丁兄身患不治之症，終年醫藥和家庭生活上諸費，先生終年資濟，毫無吝色（嗇）[40]。」以梁氏與盧氏交情之篤，謂其「身患不治之症」而受到韓石泉資濟一事，其中還牽涉到盧氏之同志兼好友韓石泉的情誼，因此可信度頗高。

在就盧氏家人後輩的說法而論，其哲孫林章峯曾提及祖父在一九三二年以後便與家人聚少離多，主因乃是日人經常藉故將盧氏予以拘禁，其為免連累家人遂無奈至行蹤飄忽成謎，甚至前往廈門避難。

直至二〇〇五年間，盧丙丁之孫林章峯，發現祖父在一九三五年八月遭到警察單位拘捕而離家；隨後在樂生療養院之病患名冊中，則記載盧丙丁於同年十二月五日在院中治療，並遭強制隔離。最後則罕見地於次（一九三六）年一月間被押送出境至廈門，而後不知去向。

盧丙丁除了具有臺灣工運「頭兄」之譽，其愛妻林氏好亦為一九三〇年代臺灣最知名的女歌手之一。盧丙丁曾為妻子寫下〈月下搖船〉、〈紗窗內〉、〈織女〉、〈落花流水〉等歌詞，此間鶼鰈情深，則更為其社會運動家的身分加深了幾許文藝浪漫情懷。

註

1 筆者於2010年3月至9月間，數度與盧丙丁哲孫林章峯先生透過家居採訪、資料比對及電話聯繫等方式，蒐集整理有關其祖父盧丙丁之生平事蹟，並獲其父（盧丙丁次子）林文哲先生慷慨指導，在此致上誠摯謝意。

2 劍如（黃呈聰），〈關於臺北師範休校事件的一考察〉，《臺灣民報》，1924年12月11日，第4版。盧丙丁在國語學校就學時有多位知名臺籍校友，例如蔡培火、蔡式穀、李友邦、黃呈聰、謝春木、陳植褀、林秋梧、林木順、吳三連、林呈祿、陳炘、陳逢源、王敏川等人，皆是1920年代反殖民運動陣營內之要角。

3 〈各地文化講演情報 大甲〉，《臺灣民報》，1925年9月6日，第6版。

4 葉榮鐘，《日據下臺灣政治社會運動史》，晨星出版公司，2000年8月，頁362。

5 〈文協活動寫真部出世〉，《臺灣民報》，1926年4月18日，第7版。

6 〈全島雄辯大會的盛況各 地辯士的熱辯 注意中止的濫發〉，《臺灣民報》，1926年9月5日，第5~6版。

7 〈臺南文化劇大成功〉，《臺灣民報》，1927年4月24日，第8~9版。

8 〈脫離文協的署名者〉，《臺灣民報》，1927年10月9日，第4版。

9 黃信彰、蔣朝根著，《臺灣新文化運動特輯》，臺北市政府文化局，2007年2月，頁39。

10 蔣渭水，〈解放運動的派別〉，《臺灣民報》，1927年2月13日，第2版。這是蔣渭水在1927年初，面對臺灣文化協會分裂後，臺灣反殖民陣營日趨嚴重的左右路線傾辯局勢所提出理性呼籲，並試圖調和兩端的言論之一。

11 黃師樵，〈日據時代臺灣工人運動史〉，《台灣共產黨秘史》，海峽學術出版社，1999年9月，頁140。

12 〈臺南機械工同情罷工 工友被檢束十數名〉，《臺灣民報》，1927年5月8日，第7版。

13 另推黃賜、謝春木為該工友會顧問。

14 有關此揭工友會名稱、活動及各講演會資訊，詳見黃信彰，《工運 歌聲 反殖民——盧丙丁與林氏好的年代》，臺北市政府文化局，2010年10月，頁67，以及該書〈盧丙丁與林氏好伉儷大事記〉。本文相關文字資料多處出自該書之節錄，特此說明。

15 〈指導者要緊〉，《臺灣民報》，1927年5月8日，第10版。

16 〈「臺灣民眾黨」出現 七月十日在臺中舉結黨式〉，《臺灣民報》，1927年7月22日，第4版。

17 〈川中鐵工所の罷工〉，《臺灣民報》，1927年9月18日，第10版。

18 林書揚、王乃信等編譯，《臺灣總督府警察沿革誌第二篇領臺以後的治安狀況（中卷）——台灣社會運動史（1913—1936），第五冊》，創造出版社，1989年6月，頁71。

19 相關工會組織名稱詳見〈臺灣工友總聯盟成立了 舉行盛大發會式 決定勞働節休業〉，《臺灣民報》，1928年2月26日，第3版。

20 同前註。

21 林書揚、王乃信等編譯，《臺灣總督府警察沿革誌第二篇領臺以後的治安狀況（中卷）——台灣社會運動史（1913—1936），第五冊》，創造出版社，1989年6月，頁76。

22 〈再浮起土地所有者 陳請勿拂下庄方面〉，《臺灣民報》，1928年3月11日，第3版。

23 〈淺野紅毛塗工場壓迫職工的暴狀 不日中將起罷工〉，《臺灣民報》，1928年4月15日，第4版。

24 〈反對強制遷塚 開有緣者大會〉，《臺灣民報》，1928年6月10日，第2版。

25 〈赤崁勞働青年會 入會者已超過百名〉，《臺灣民報》，1928年3月11日，第7版。〈各團體近況 勞働青年紀念講演〉，《臺灣民報》，1928年7月8日，第7版。

26 盧丙丁為斯時臺灣工友總聯盟爭議部長，主導聯盟在淺野洋灰罷工事件中之指揮調度事宜；後因罷工團長黃賜遭到警方檢束，盧氏又接任罷工團團長職務。

27 〈淺野罷工仍各對峙 工友總聯盟應援 市民抗議降灰問題〉，《臺灣民報》，1928年5月6日，第3版。

28 〈民眾黨支部移轉〉，《臺灣民報》，1929年1月8日，第7版。

29 盧丙丁於1928年9月間與晴川等人組成「東臺灣巡迴講演隊」專責前往臺灣東部地區進行民眾講演工作。〈民眾黨組織巡迴講演隊一個月間巡迴全島〉，《臺灣民報》，1928年10月14日，第3版。1929年1月6日起，由北而南辦理為期兩週的全島各地「巡迴大講演」，盧丙丁、王受祿與蔣渭水等三名則受命為隨時增補馳援的重量級辯士。〈工友總聯盟將開巡迴講演〉，《臺灣民報》，1928年12月16日，第6版。

30 黃典權等編纂，《重修臺灣省通志卷九．人物志人物傳篇人物表篇》，臺灣省文獻委員會，1998年6月，頁378。

31 〈地方自治聯盟舉行盛大發會式 午前中發起人總會 議事皆照原案通過〉，《臺灣新民報》，1930年8月23日，第3版。

32 〈加俸減額聲中的加俸全廢運動〉，《臺灣新民報》，1931年6月27日，第2版。

33 〈打倒籾市代行會社！工總聯開講演會 恐怕其死灰復燃〉，《臺灣新民報》，1931年8月1日，第3版。

34 〈舊臺灣民眾黨領袖 工友總聯盟的顧問 蔣渭水氏逝世〉，《臺灣新民報》，1931年8月8日，第4版。

35 盧丙丁，〈遺囑〉，革命先烈蔣渭水先生之墓（紀念墓碑），1931年8月4日。蔣渭水傳世遺囑共有六個重要版本，盧丙丁則為公認之筆錄人。相關分析與實證詳見，黃信彰，《蔣渭水形象及其歷史再現》，國立成功大學臺灣文學研究所博士論文，2014年7月，頁42~48。

36 〈故蔣渭水氏的臺灣大眾葬 送葬者五千餘人 臺灣空前的葬式 遺骨埋在大直山上〉，《臺灣新民報》，1931年8月29日，第4版。

37 梁加升，《日治時期台灣民族革命運動興起與沿革略述》，少滄遺稿影本，1965年6月，頁15。

38 〈臺灣解放運動界概況〉，《臺灣新民報》，1932年1月1日，第8版。

39 黃典權等編纂，《重修臺灣省通志卷九．人物志人物傳篇人物表篇》，頁378。

40 此為莊永明採錄梁加升之回憶所記。莊永明，《臺灣先賢先烈專輯——韓石泉傳》，臺灣省文獻會，1993年11月，頁122。

文物故事——說書人：盧丙丁

（文物故事皆由參考文獻進行改寫）

「今天是誰來演講？」

「聽說是臺灣工友總聯盟議長、臺灣民眾黨黨員的丙丁仙。」

「以前聽他的電影解說很精彩，來去聽看看今天講什麼。」

進到會場。

「丙丁仙已經開始講了。」

「噓，注意聽啦！」

這兩年臺灣在各地開始有不同的團體，以著不同方式為臺灣向上的前途打拚，在我的手中有四張傳單，今天就以這四張傳單為例子，來看看各地活動。

舊曆五月十三日對臺北城大稻埕來說，是霞海迎城隍爺的大日子。這一日，市街上充滿裝著奇形怪狀夯枷的男女信徒、畫面的八將，但是社會經濟狀況這麼低靡，百姓求溫飽都有困難，竟然還在相信木偶可以庇蔭他們幸福。所以第一張宣傳單是臺北維新會在迎城隍活動前印製發放，不知道在場的各位有沒有看過？沒看過沒關係，挑幾句唸給大家聽。

「現在這樣不景氣，失業者又日見增加，大家豈沒有發覺艱苦嗎？」

「在科學昌明的今日，宇宙間一切的變化，都可以用科學的真理來解釋。」

「勸告同胞們齊齊起來!!廢止無意義的迎城隍!!」

宣傳單上面寫的，在在都是奉勸各位，現在已經進入科學時代，世間無鬼神，這種迷信必須破除。

臺北維新會反迷信宣傳單

一九二八年臺北維新會以改除社會制度之缺陷為目的創立，一九三一年社會經濟狀況低靡，臺北維新會在迎城隍活動前，聯合新文協、農民組合、勞働青年會等團體辦理講演會，反對鋪張浪費的迷信。

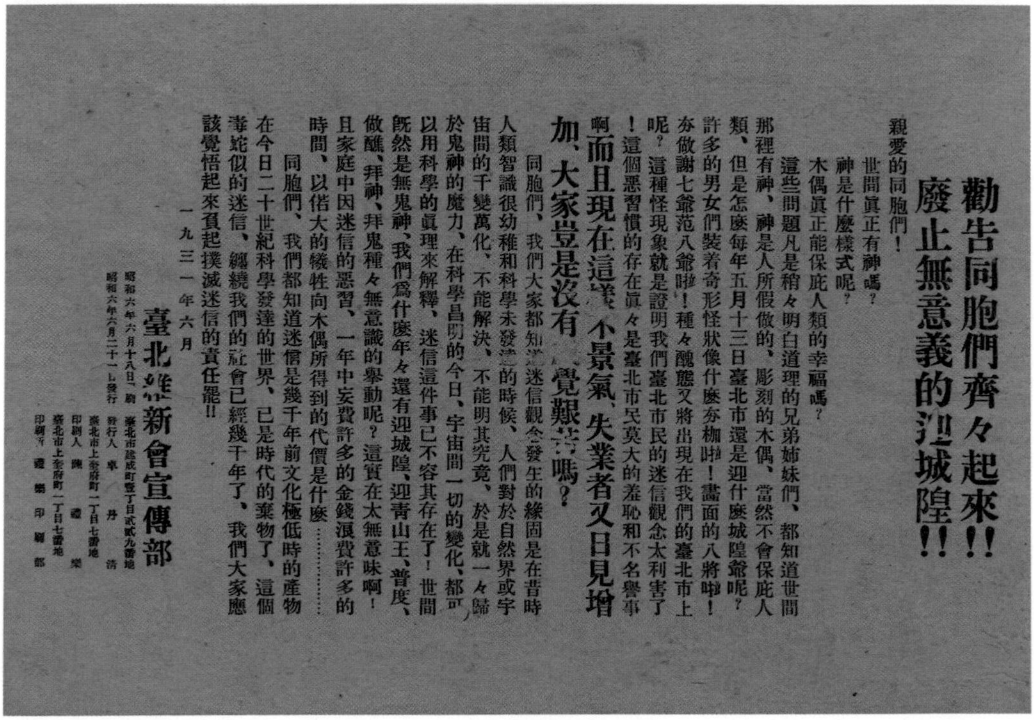

勸告同胞們齊々起來!!廢止無意義的迎城隍!!

親愛的同胞們！

世間眞正有神嗎？

神是什麼樣式呢？

木偶眞正能保庇人類的幸福嗎？

這些問題凡是稍々明白道理的兄弟姊妹們、都知道世間那裡有神、神是人所假做的、彫刻的木偶、當然不會保庇人類、但是怎麼每年五月十三日臺北市還是迎什麼城隍爺呢？許多的男女們裝着奇形怪狀像什麼夯枷啦！畫面的八將啦！夯做謝七爺范八爺啦！種々醜態又將出現在我們的臺北市上呢？這種怪現象就是證明我們臺北市民的迷信觀念太利害了！這個惡習慣的存在眞々是臺北市民莫大的羞恥和不名譽事啊**而且現在這樣不景氣、失業者又日見增加、大家豈是沒有感覺艱苦嗎？**

同胞們、我們大家都知道迷信觀念發生的緣因是在昔時人類智識很幼稚和科學未發達的時候、人們對於自然界或宇宙間的千變萬化、不能解決、不能明其究竟、於是就一々歸於鬼神的魔力、在科學昌明的今日、宇宙間一切的變化、都可以用科學的眞理來解釋、迷信這件事已不容其存在了！世間既然是無鬼神、我們爲什麼年々還有迎城隍、迎靑山王、普度、做醮、拜神、拜鬼種々無意識的舉動呢？這實在太無意味啊！且家庭中因迷信的惡習、一年中妄費許多的金錢浪費許多的時間、以偌大的犧牲向木偶所得到的代價是什麼………………

同胞們、我們都知道迷信是幾千年前文化極低時的產物在今日二十世紀科學發達的世界、已是時代的棄物了、這個毒蛇似的迷信、纏繞我們的社會已經幾千年了、我們大家應該覺悟起來負起撲滅迷信的責任罷!!

一九三一年六月

臺北維新會宣傳部

昭和六年六月十八日印刷　臺北市建成町貳丁目貳貳九番地　發行人　卓丹清
昭和六年六月二十一日發行　臺北市上奎府町一丁目七番地　印刷人　陳禮樂
臺北市上奎府町一丁目七番地　印刷所　禮樂印刷部

莊明正 提供

反對迷信不只在臺北才有，在臺南也有。臺南的「赤嵌勞働青年會」，發起「反對中元普度」運動，並集結林秋梧、莊松林、林宣鰲、林占鰲等文章刊行《反普特刊》。

後來同一批人又發行《赤道》，希望在陰沉、困厄的現實社會，指引一條光明之途。第二號在製版中就全部被押收，不過我這邊有留一篇文章，說出來分享給大家。

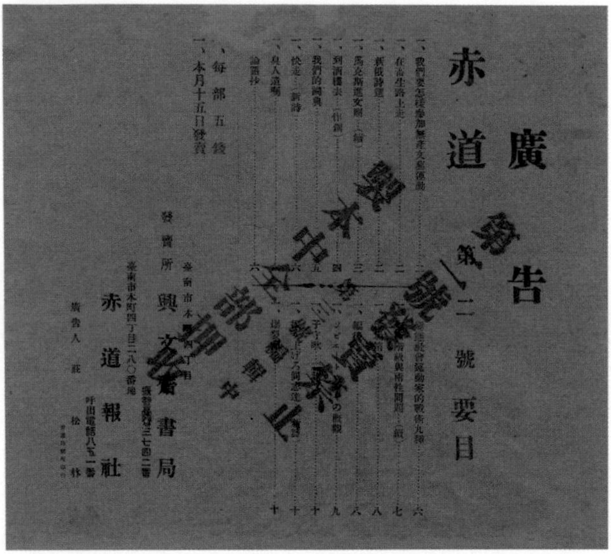

莊明正 提供

《赤道》第二號發賣禁止

《赤道》是一九三〇年十月三十一日創刊，由臺南赤道報社發行的旬刊左翼雜誌，編輯及發行人為林秋梧，其他同人有林占鰲、林宣鰲、莊松林、盧丙丁、陳天順、趙櫪馬等人。《赤道》發行第二號被禁止發賣，雖然被禁止販售，但仍有部分內容傳世，從廣告上可見當期目錄。

這篇文章叫〈到酒樓去〉，作者嚴純昆。內容描述一位原本意氣風發的有為青年，因全島大爭議被抓進蹲牢房出來後，變成意志消沉，整天只管享樂，某日接到酒樓女子來電邀約，滿心喜悅準備出門，卻看見勞働組合招集緊急會議傳單，內心躊躇，到底是要去緊急會議還是要去酒樓呢？

最後啊，「管他們什麼，還是到酒樓去爽快一點」。

所以說，做社會運動的人，面對當局檢束的強大壓力下，也是凡人，在為理想而奮鬥的過程中，面對挫折有可能一蹶不振、自甘墮落，這就是現實啊。

好啦，講偏去。第三要講的是，去年在臺中成立的臺灣地方自治聯盟，這是從臺灣民眾黨分裂出來的組織。其實對於地方自治聯盟，早在一九二七年臺灣民眾黨內部就曾數次開會討論，擔任實行委員的我，還跟蔡式穀等人一同去找豐田內務局長，但是官廳對此的態度相當消極。

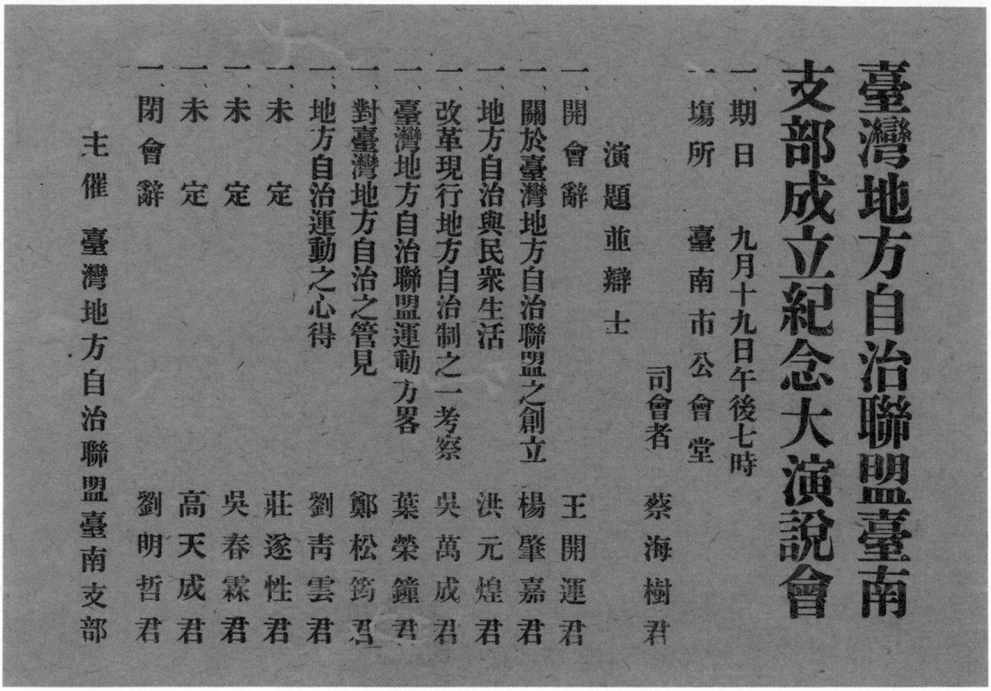

臺灣地方自治聯盟臺南支部成立紀念大會演說會

一、期日　九月十九日午後七時
一、場所　臺南市公會堂

司會者　蔡海樹君

演題並辯士

一、開會辭　王開運君
一、關於臺灣地方自治聯盟之創立　楊肇嘉君
一、地方自治與民衆生活　洪元煌君
一、改革現行地方自治制之一考察　吳萬成君
一、臺灣地方自治聯盟運動方畧　葉榮鐘君
一、對臺灣地方自治之管見　鄭松筠君
一、地方自治運動之心得　劉青雲君
一、未定　莊遂性君
一、未定　吳春霖君
一、未定　高天成君
一、閉會辭　劉明哲君

主催　臺灣地方自治聯盟臺南支部

莊明正 提供

—警察警告—警察警告—警察警告—

後來，蔡培火、蔡式穀、楊肇嘉等人，以林獻堂為發起人，在臺中醉月樓舉行「臺灣地方自治聯盟」成立大會。過沒多久臺南支部也成立，成立那天還舉辦演說會。

臺灣地方自治聯盟臺南支部成立紀念大會演說會

一九三〇年臺灣民眾黨因運動方針的差異而分裂，蔡培火、蔡式穀、楊肇嘉等人主張進行穩健的地方制度改革運動，以林獻堂為發起人，於一九三〇年八月十七日在臺中醉月樓舉行「臺灣地方自治聯盟」成立大會，同年九月十九日成立臺南支部。

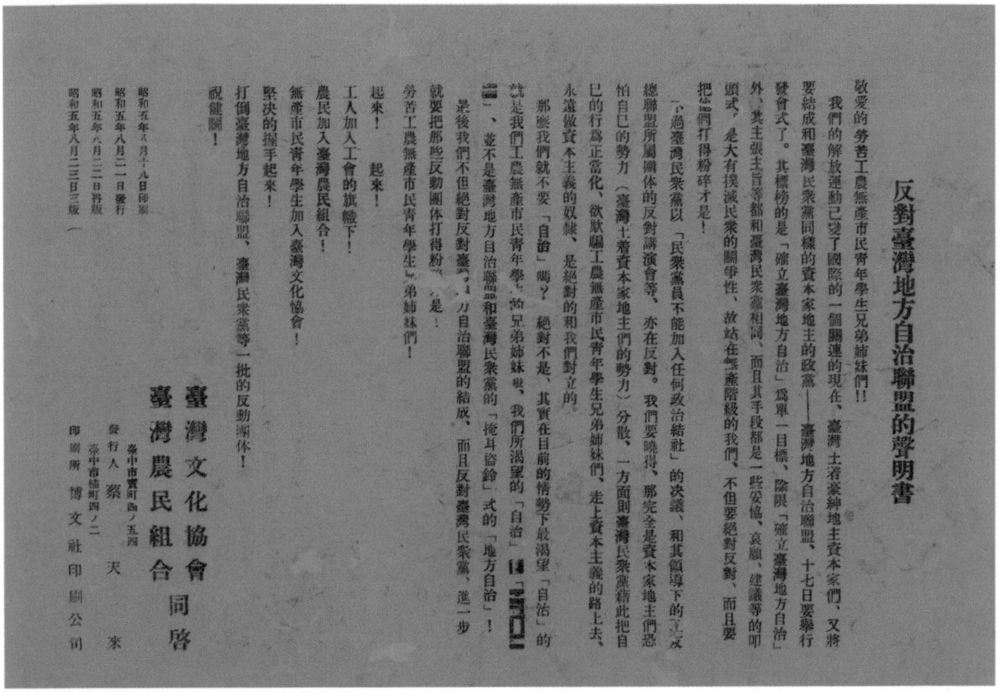

反對臺灣地方自治聯盟的聲明書

敬愛的勞苦工農無產市民青年學生兄弟姉妹們!!

我們的解放運動已變了國際的一個關連的現在、臺灣土着豪紳地主資本家們、又將要結成和臺灣民衆黨同樣的資本家地主的政黨——臺灣地方自治聯盟、十七日要舉行發會式了。其標榜的是「確立臺灣地方自治」爲單一目標、除限「確立臺灣地方自治」外、其主張主旨等都和臺灣民衆黨相同、而且其手段都是一些妥協、哀願、建議等的叩頭式、是大有撲滅民衆的鬬爭性、故站在無產階級的我們、不但要絕對反對、而且要把他們打得粉碎才是!

[illegible]過臺灣民衆黨以「民衆黨員不能加入任何政治結社」的決議、和其領導下的[illegible]總聯盟所屬團体的反對講演會等、亦在反對。我們要曉得、那完全是資本家地主們恐怕自己的勢力（臺灣土着資本家地主們的勢力）分散、一方面則臺灣民衆黨藉此把自已的行爲正當化、欲欺騙工農無產市民青年學生兄弟姉妹們、走上資本主義的路上去、永遠做資本主義的奴隷、是絕對的和我們對立的。

那麼我們就不要「自治」嗎？絕對不是、其實在目前的情勢下最渴望「自治」的就是我們工農無產市民青年學[illegible]兄弟姉妹啦、我們所渴望的「自治」[redacted]」、並不是臺灣地方自治聯盟和臺灣民衆黨的「掩耳盜鈴」式的「地方自治」!

最後我們不但絕對反對臺[illegible]方自治聯盟的結成、而且反對臺灣民衆黨、進一步就要把那些反動團体打得粉[illegible]是!

勞苦工農無產市民青年學生[illegible]弟姉妹們!

起來!　起來!

工人加入工會的旗幟下!

農民加入臺灣農民組合!

無產市民青年學生加入臺灣文化協會!

堅決的握手起來!

打倒臺灣地方自治聯盟、臺灣民衆黨等一批的反動團体!

祝健鬬!

臺灣文化協會
臺灣農民組合　同啓

昭和五年八月十九日印刷
昭和五年八月二一日發行
昭和五年八月二二日再版
昭和五年八月二三日三版

臺中市寶町四ノ五四
發行人　蔡　天　來
臺中市橘町四ノ二
印刷所　博文社印刷公司

莊明正　提供

對於分裂成地方自治聯盟，臺灣民眾黨也不樂見，沒承想，在臺中的臺灣文化協會、農民組合協會，聯合成立「反對地方自治聯盟」。這可有意思，在他們的聲明書上寫道「打倒臺灣地方自治聯盟、臺灣民眾黨等一批的反對團體！」將臺灣地方自治聯盟、臺灣民眾黨視為資本家地主的政黨，聲明書才五天就三版了，發送得真勤快。

反對臺灣地方自治聯盟的聲明書

一九三〇年七月臺灣地方自治聯盟提出組織備案，預計八月十七日召開成立大會，訊息一出，臺灣文化協會與臺灣農民組合，於臺中共同發起「反對臺灣地方自治聯盟的聲明書」，要求工人、農民、無產市民、青年起來，打倒臺灣地方自治聯盟的結成，也反對臺灣民眾黨。

作為辯士，我如果要為臺灣留下最後一講，會不會是這樣的內容？

能不能有一場不會再被警察中止的演講？

臺灣民眾黨解散、渭水君的逝世……

未來，我該何去何從？
臺灣是我的立足之處嗎？
該往何處去？廈門？

我的妻兒，你們要好好活下去……

努力到現在，難道一切都是夢？

◎參考文本
〈臺灣社會問題改造觀（二）──在臺南開會演講大要〉，《臺灣民報》，1927年10月9日，第8版。
〈第二回政談講演〉，《臺灣民報》，1927年10月30日，第6版。
〈民眾黨中央常務委員會　議決三重要事項〉，《臺灣民報》，1927年12月18日，第3版。
〈關於地方自治制改革　民眾黨幹部訪問當局〉，《臺灣民報》，1928年2月19日，第3版。

文協動知識

張深切〈徒步旅行之名人題字錄〉

Q 國家級的重要古物，不只是翠玉白菜，我們還有張深切〈徒步旅行之名人題字錄〉值得大家細細品味，但你知道為何重要嗎？

A 張深切，南投草屯人，日治時期重要作家之一，一九一七年赴日讀書，結識林呈祿、彭華英等社會運動者，受左翼民族主義影響，並於一九三四年組織「臺灣文藝聯盟」。

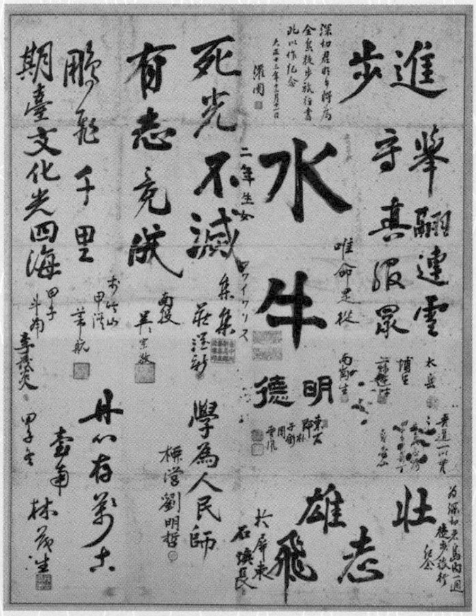

國立台灣文學館　典藏

一九二四年張深切從臺中出發徒步旅行，請各地受訪者題字，以為勉勵之用。其徒步旅行以「探民隱、研究風土民情」為目的，題字者除霧社公學校賽德克族女童外，有林獻堂、莊嵩、蘇逢時、吳宗敬、莊潤新、杜香國、李茂炎、賴雨若、周奎元、劉明哲、林茂生、石煥長等文人仕紳。對日治時期臺灣文化與社會運動研究具重要文獻價值。

The Closeness of Us (1930 - 1940):
Intellectuals and Society on Common Footing

第二章 CHAPTER 02

相視

我們之間竟如此近——一九三〇—一九四〇年代知識分子與大眾的相視

一九三〇年代是臺灣文藝：美術、繪畫、音樂、劇場發散熱力的時代。知識分子以具體行動走進民間，記錄大眾的三層聲音：階級的、勞動的、日常的。他們的理想不再只是空談，而是直接面對土地，化成文藝創作。這時代氛圍是知識分子與民眾從未有過的近距接觸。

一九三四年張深切、賴明弘等人集結全島文藝人士成立「臺灣文藝聯盟」高呼：「看我們的藝術之花在世界心臟上開放吧！」臺灣文藝聯盟的成員也是臺灣話文戰將廖漢臣，提到取材過去，在現代人的立足點書寫。一九三〇年代文學運動、文化運動逐漸成熟，擴增文學的寬度、文化的深度，熱情邀請大眾一起為臺灣文學及藝術「共筆」。

線條與色塊裡有你的模樣——臺灣文藝聯盟接棒的繪畫活動

Love Letter

POST CART きかは便郵

百年情書

文協百年特展

親愛的你

你真的很特別，
不管在哪裡我都能看見你，
即使在如此擁擠的地方，
你的生活和勞動都讓我深深著迷，
來吧，讓我用藍色、紅色、黃色、
以純真的感受，盡力將你的姿態一
筆一畫留在畫布上，
這一瞬間即是永恆。

參考文本：陳澄波《群眾》

陳澄波（一八九五—一九四七）
嘉義市人

就讀國語學校時受教於石川欽一郎，東京美術學校圖畫師範科畢業，曾任教於嘉義第一公學校、上海新華藝專、昌明藝專。

一九二六年以《嘉義街外》入選第七回帝展，為臺灣首次入選帝展的西洋畫家。一九三三年自上海返臺定居，與畫友組織臺陽美術協會，二戰結束，曾計劃籌建美術學校，一九四六年當選第一屆嘉義市參議會議員，受難於二二八事件。

陳澄波

一九三四年五月六日臺灣文藝聯盟成立。臺籍的畫家，經過臺展、帝展接連肯定，已漸能與日人畫家平起平坐。畫家們在《臺灣文藝》刊物上抒發自己的美術創作觀，繪製封面、插圖與作家的文字唱和。廖繼春〈自分の製作態度〉（我的製作態度）、陳澄波〈製作隨感〉、李石樵〈この頃の感想〉（最近的感想）、楊三郎〈私の製作氣分〉（我的製作心情）、顏水龍〈デッサンの問題〉（素描的問題），都是畫家與大眾一起面對無情的社會經濟，在心底流露出悲哀與徬徨的悸動。

這樣的悸動就是畫家的力道，他們畫礦工、畫街景、畫日常食物，姿態、眼神、表情都是飽滿的世道。顏水龍投身工藝美術，陳澄波投入美術學校，第一線深入社會，他們的彩筆浪漫又實際。

陳澄波與一九二〇年代的臺灣民族運動

邱函妮

前言

對於畫家陳澄波（一八九五—一九四七）的認識，或許是以二二八事件受難者的身分最為人知。日治時期陳澄波活躍於臺灣、日本、上海等地的畫壇，但在他去世後很長的一段時間，他的存在是被消音的，即使提起他的名字，也對他的死亡避而不談。陳澄波悲劇性的死，想必對他同世代的畫家打擊甚大。然而，當我們回到一九二〇年代來尋找包括陳澄波等第一代臺灣藝術家青春時代的身影時，會發現他們不僅熱衷於學習作為新時代文明象徵的美術，也對當時臺灣人在日本統治底下的處境有著迫切的感受，而這樣的感受在某種程度上，也反映在他們的創作當中。不過，陳澄波畢竟是畫家與美術教育家，並非社會運動者，目前沒有足夠的證據顯示他曾積極投入臺灣民族運動，但我們還是可以在一些資料中看到陳澄波曾經參與此運動，並與臺灣文化協會的人士有過交流。

一八九五年陳澄波出生於嘉義，一九〇七年進入嘉義公學校就讀，一九一三從公學校畢業，同年進入臺灣總督府國語學校公學師範科乙科就讀，一九一七年畢業。國語學校公學師範科乙科需就讀四年，是訓練臺灣人擔任公學校教師的教育機構，也是當時臺灣人能夠就讀的最高學府之一。陳澄波畢業後即任教於嘉義公學校，一九二〇年轉往水堀頭公學校湖子內分教室任教，直到一九二四年三月赴日前夕為止。

一九二四年陳澄波赴日不久即考上東京美術學校圖畫師範科，一九二七年三月自該校畢業，四月進入同校師範科研究科深造。陳澄波就讀東京美術學校期間，即活躍於各個畫會，積極提出作品參展，一九二六年三年級時，以《嘉義街外》入選第七回帝國美術院展覽會（以下簡稱帝展），他以臺灣首位入選帝展西洋畫部的畫家受到矚目，隔年，又以《夏日街景》再次入選帝展。

從陳澄波一生的經歷來看，東京留學的經驗，無論對於他的藝術上，或者是思想上的變化，都可說是最為關鍵的時期。他留學東京的時期，正好是大正末期到昭和初期。在這段期間當中，各式各樣的思潮以及運動更加蓬勃。在美術上，大正新興藝術運動逐漸接近尾聲，普羅美術運動開始興起。在政治上，他接觸到臺灣民族主義運動，而一九二五到一九二八年正是臺灣議會設置請願運動的最高峰。他在東京時期的創作，也與臺灣民族主義的文化運動有所共鳴，並產生出新的故鄉意識。下文將介紹陳澄波在東京留學時期參與臺灣民族運動的相關資料[1]。

一九二五年嘉義廳海外留學生演講會

一九二四年陳澄波進入東京美術學校圖畫師範科。在他就讀時，東京美術學校分為本科與圖畫師範科。與本科以培養專門技術家的目的不同，圖畫師範科的教育目標，主要是為了培育師範學校與中等學校圖畫手工科的教員。因此，在課程設計上，也與本科大為不同。圖畫師範科的修業年限為三年，其教育目標乃是為了培養師範學校、中學校、高等女學校的圖畫教員[2]。圖畫師範科除了專門技能的學習，還必須著重培養教育者的人格，以及學習如何將描繪對象物的能力和藝術鑑賞的方式教導給學生。因此，教育學、美術史、圖案法、色彩學、教授法等科目的學習時數與繪畫、手工、習字等實技課程的比重不相上下。由此可知，陳澄波所接受到的教育內容，是以成為美術教育者為主要目標。從陳澄波畢業之後在上海的美術學校等教書的經歷也可得知，他雖創作不輟，也具教育熱忱。

一九二五年八月，陳澄波趁暑假返鄉時，參加了由嘉義廳海外留學生所組織的演講會，演講日期為八月一、二日下午七時，地點在嘉義公會堂。根據《臺灣民報》的報導：「是日及至黃昏聽眾接踵齊到，場內雖無立錐之地，而秩序井然。[3]」第一日的講者與講題如下：黃三朋「人生之意義」、陳宗憲「容至微細動物」、莊伯容「君子重言行」、吳春霖「貧」、黃逢時「想片」、陳均「怎麼到海外」、陳澄波「藝術與社會」、林淇漳「南洋一瞥」、鄭石為「習慣之迷信」[4]。從講題來看，似乎是由講者自由發揮，其中可窺見海外留學生希望能將所學所知回饋鄉里，「增進文化、啟發民智」之熱忱。從陳澄波的演講題目「藝術與社會」來看，可見他所關注之事，或許也和在東京美術學校的學習經驗相關——亦即如何將美術傳遞給社會大眾。

不過，由於講演首日人數眾多，隔天八月二日的演講會在即將開場之際，當局派了一、二十名的警察到場監視。這一日由林圳溢致開會辭，隨即遭到制止，因而由陳澄波來接替介紹講者，演講者包括王甘棠、王鐘麟、劉傳明、林玉土、林淇漳等人，講題為「社會之衛生」、「報紙」、「人類愛及滅亡」、「和漢和洋御料理」、「廿感」等，然而整場下來有三人的演說遭警察制止，聽眾不平擊掌鼓勵講者，然而在林淇漳被迫下臺後，演講會隨即解散。《臺灣民報》評論如下：「觀是晚之講演時，義理正確議論平穩，何反惹當局之忌，噫！吾臺之言論壓制如此之甚，誠可歎哉。」[5]

在這一年的夏天，嘉義一地舉辦了數回演講會，除上述嘉義廳海外留學生演講會之外，還包括了舊嘉義廳學生及有志懇親會、東京臺灣青年會演講團以及文化協會舉辦之嘉義文化演講會[6]。東京臺灣青年會於一九二三年組成文化演講團，由留日學生趁暑假返臺期間舉辦全島巡迴演講，啟蒙民眾。一九二五年舉辦的演講團成員包含了游彌堅（一八九七—一九七一）、謝春木（一九〇二—一九六九）、蘇維梁、賴遠輝、林九龍等人[7]，他們於七月三十日在臺北市港町文化講座舉辦了第一回演講[8]，接著陸續在臺灣各地舉辦演講。八月十五日他們抵達嘉義，受到當地人士的盛大歡迎，晚間在嘉義公會堂舉辦演講會，講者包括了謝春木、賴遠輝、翁錫三等人[9]。而臺灣文化協會舉辦之文化演講會，是於八月二十四日下午七點在嘉義公會堂舉行，講者是文化協會幹部的楊肇嘉（一八九二－一九七六）、蔡培火（一八八九－一九八三）、陳逢源（一八九三－一九八二）、王受祿（一八九三－一九七七）。當日中午十一點講者抵達嘉義時，當地人士與學生兩百名抵達車站歡迎他們，出月臺後則分別搭乘汽車與人力車，由樂隊先導沿街遊行三小時。晚上演講會的參加者達七、八千名，場內幾無立錐之地。由楊肇嘉演講「社會改善之真義」、陳逢源講「生存權與教育權」、蔡培火講「現代文明之特色」、王受祿講「弱者之聲」，演講結束時已過晚上十一點[10]。

從上述一九二五年嘉義演講會之盛況可知當時民眾對於現代文明的憧憬，以及對於吸收新知的渴望，然而對於殖民者而言，並不樂見由臺灣人自主組織的文化演講等啟蒙活動，認為會威脅到殖民統治的基礎，因此加以嚴格的監控與壓制。臺灣文化協會的成立目的之一，是為了推動臺灣議會設置請願運動，但他們在推行此運動時也體認到，必須同時配合推展文化運動來啟蒙民眾，在各式各樣的啟蒙活動當中，文化演講會可說是最重要，也最具成果的，尤其在一九二五、二六年代是文化演講會最為興盛的時期，他們所到之處，受到廣大民眾的歡迎[11]。不難想像陳澄波應該也曾聆聽過文化演講會，甚至於在一九二五年以留學生的身分親自參與這類演講活動並登壇演說。雖然無法確定陳澄波是否也參加了一九二五年臺灣文化協會在嘉義舉辦的演講會，但從下文介紹的陳澄波的速寫本中，可以知道他曾在東京參加過臺灣議會設置請願運動，並與蔡培火、陳逢源、蔡年亨等臺灣文化協會的成員有過交流。

一九二六年第七回臺灣議會設置請願運動

翻閱陳澄波的速寫本（約製作於一九二六—一九二七年）中的一頁，可以看到其中一頁（圖1）寫著以下的文字：

一、世界和平新紀元，歐風美雨，思想波瀾，自由平等，重人權，警鐘敲動，強暴推翻人類莫相殘，慶同歡，看、看、看，美麗臺灣，看、看、看、崇高玉山。

二、日華親善念在茲，民情壅塞，內外不知，孤懸千里，遠西陲，百般施設，民意為基議會設置宜，政無私，嘻、嘻、嘻，東方君子，嘻、嘻、嘻，熱血男子。

三、神聖故鄉可愛哉，天然寶庫，香稻良材，先民血汗，掙得來，生聚教訓，我們應該，整頓共安排，漫疑猜，開、開、開，荊棘草萊，開、開、開，文化人才。

這段文字抄錄的是〈臺灣議會設置請願歌〉[12]，在抄錄這段文字的頁面之

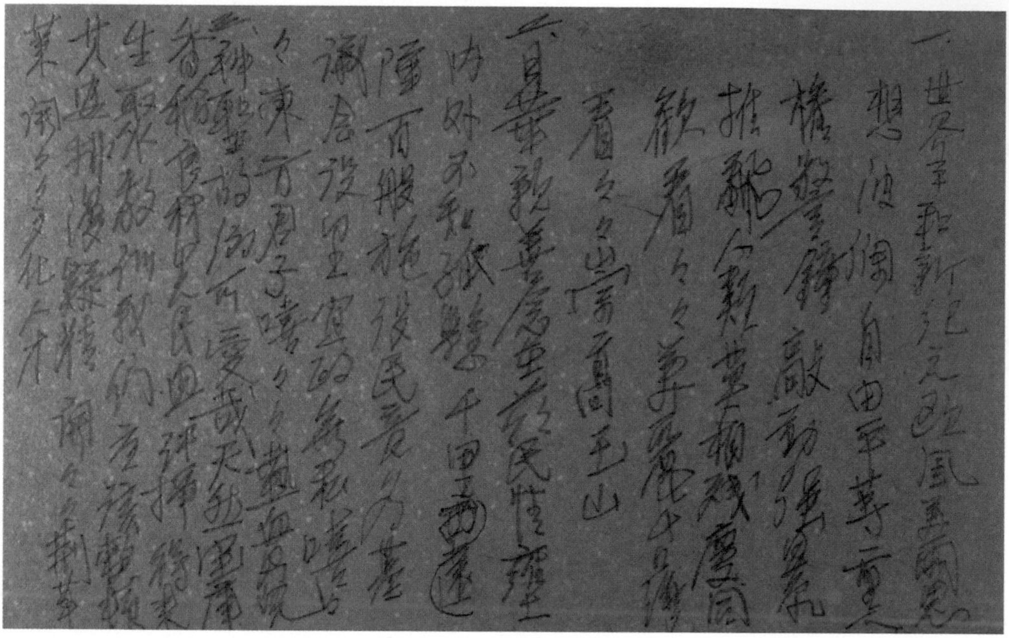

圖1　陳澄波，《筆記抄錄〈臺灣議會設置請願歌〉》（陳澄波速寫本），1926年，陳澄波文化基金會 藏

前幾頁，還可看到陳澄波所描繪的一些人像速寫，其下方各自書寫著人名，包括了「九龍君、蔡先生」（圖2）、「蔡年亨先生」（圖3）。蔡年亨出生於一八八九年，清水人，畢業於臺灣總督府國語學校，也是臺灣文化協會的重要成員[13]。從第一頁所記載的時間來看，這些速寫及文字是在一九二六年一月二十六日所寫的。

這一天發生了什麼事，爲什麼陳澄波畫了這些人物的速寫，並記下〈臺灣議會設置請願歌〉呢？這一段期間，正是第七次臺灣議會設置請願運動者來到日本的時間。一九二六年一月二十一日，由蔡培火、陳逢源與蔡年亨（一八八九－一九四四）為請願代表，攜帶了一千七百餘份請願書赴日，請願團在臺灣與日本均受到盛大的歡迎。同年的二月九日，向帝國議

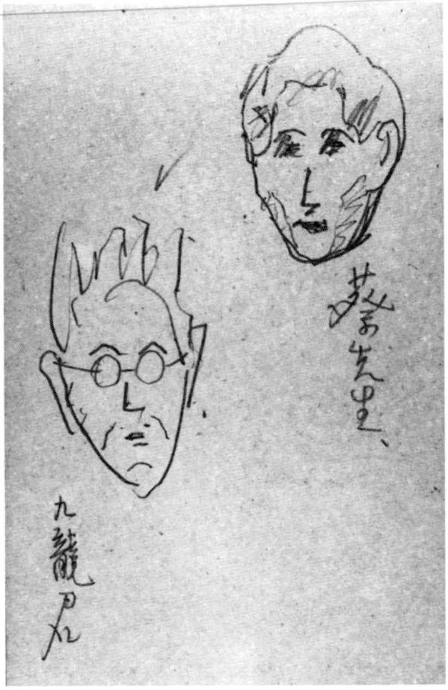

圖 2

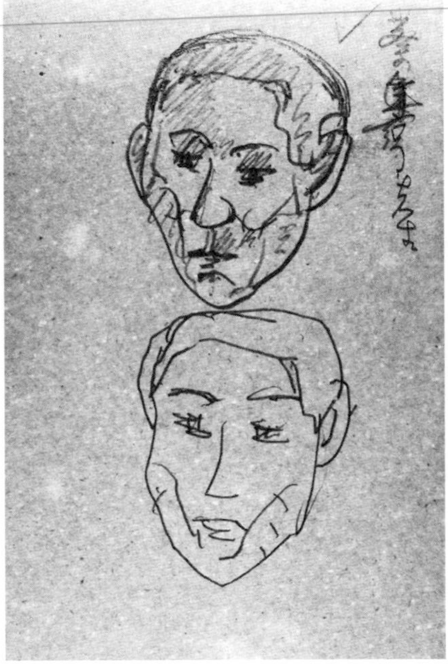

圖 3

圖2 陳澄波，《人物速寫「九龍君、蔡先生」》（陳澄波速寫本），一九二六年，陳澄波文化基金會 藏

圖3 陳澄波，《蔡年亨先生速寫》（陳澄波速寫本），一九二六年，陳澄波文化基金會 藏

會提出請願書[14]。陳澄波描繪速寫的一月二十六日，正好是請願團一行人抵達橫濱的日子，他們先在橫濱受到臺灣人的歡迎，同日一行人抵達東京車站時，又受到東京留學生約二百五十餘人的歡迎。這群臺灣留學生與支持請願運動的日本人十餘人，高舉「臺灣議會」、「自由」、「平等」等字樣的旗幟，一路向位於神田的歡迎會場——中華基督教青年會館前進，途中發布宣傳單，並高唱〈臺灣議會設置請願歌〉，歡迎會場中有四百五十名的參加者[15]。陳澄波在一月二十六日的速寫，可以證實他應該也參與了同日東京留學生的遊行與歡迎活動。而在速寫本中出現的九龍君，可能是上文提及曾參加過一九二五年臺灣青年會留學生演講團的林九龍，而蔡先生應是此次請願活動的代表之一蔡培火[16]。

臺灣議會設置請願運動是臺灣自治主義路線中最具代表性的政治運動，從一九二一年開始，一直持續到一九三四年，陳澄波留學東京的期間（一九二四－一九二九年），正是臺灣議會設置請願運動最蓬勃的時期[17]。從速寫簿中的這一頁，還可看到陳澄波記下了文字：「聽之無聲，視之無形。臺灣政治求大多數。臺灣政治全島住民。」（圖4）在這段文字當中，雖然簡短，卻反映出民族自決的思想，也是在與議會設置運動請願人士的交流中所寫下的。根據吳叡人對臺灣民族主義政治與文化運動的研究可知，對於「臺灣人」以及「臺灣民族」的想像共同體，隨著第一次世界大戰後民族自決的思潮，大正民主主義的媒介，以及臺灣反殖民菁英分子自治主義的運動而逐漸成形，他們將臺灣民族想像成一個具有自決權的「被壓迫的弱小民族」[18]。

同時，這些臺灣青年也積極創造並尋找臺灣文化的獨特性。吳叡人指出，這是由於臺灣民族運動者繼承了大正民主主義的觀點，將殖民地的新文化運

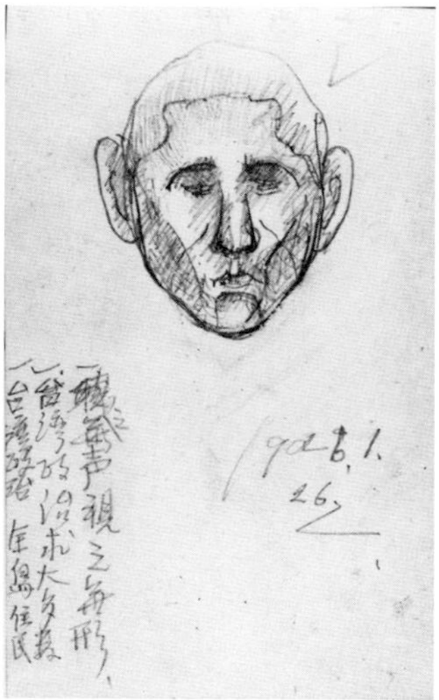

圖4 陳澄波，《人物速寫、筆記》（陳澄波速寫本），1926年1月26日，陳澄波文化基金會藏

動，放在整個現代世界改造運動中來認識，並且在改造體制的同時，也是一個「臺灣知識人反省臺灣文化的自我改造運動[19]」。也就是說，在臺灣民族運動的發展過程當中，臺灣人知識分子的自我認識，除了在政治上追求自治的人格之外，創造臺灣獨特的文化亦是刻不容緩的急務。並且，站在一個認為自己是有缺陷、需加以改造的想法上，這個文化改造運動始終是站在現代主義的立場[20]。

在〈臺灣議會設置請願歌〉當中，也可以看到使用了一些詞彙來描述「臺灣」，例如「美麗臺灣」、「崇高玉山」、「天然寶庫，香稻良材」、「神聖故鄉」等，以凝聚民族運動者的共同體意識。並且，在這首歌的第二段中，可以看到強調政治面的「議會設置」、「日華親善」等目標，在第三段中則強調了創造以及改造臺灣新文化，這也是追尋臺灣民族認同的一個重要面向，歌詞中並以荊棘草萊形容前途艱難。這個比喻令人聯想起王白淵（一九〇二—一九六五）出版於一九三一年的詩集，亦名為《棘の道》（荊棘之道）（圖5），比陳澄波早一年就讀東京美術學校圖畫師範科的王白淵，曾經將這本詩集送給陳澄波[21]。從這個荊棘的比喻當中，可以感受到當時的知識分子，包括立志到日本留學學習美術的臺灣人，對於開創臺灣新文化有著一種焦灼的熱情。無論是陳澄波或是王白淵等到東京學習美術的臺灣人，相信他們都深深受到從日本到臺灣風起雲湧的臺灣民族運動的影響，並且認知到要擺脫殖民地的位置，除了在政治上追求獨立自治的人格之外，改造並創造獨自的臺灣文化亦是當務之急。而美術，亦是改造臺灣新文化中重要的一環。

結語

如上文所述，在留學東京期間，陳澄波接觸並受到臺灣民族運動的影響。臺灣民族運動起始於接受新式教育的本土知識分子與留日青年之間，他們共同思考作為殖民地臺灣人的命運，在面臨殖民主義與現代主義的衝擊下，在個人以及共同體的認同危機下，開始尋找自我認同，並且形成新的共同體意識。從最根源的內心層面來說，這樣的想像也可以認為是與從殖民地移動到帝國的過程中所萌生的故鄉意識有關。而他們在追求政治形式上自治的同時，「改造」並創造臺灣新文化亦為重要的任務。在陳澄波的創作與行動中，可以感受到他與當時追求臺灣民族運動的知識分子同樣，在內心中具有一份使命感。他們共同思考臺灣人的命運，以及尋找臺灣未來的出路，「臺灣」這個概念，也隨著這樣的思考逐漸成形。

圖 5　王白淵詩集，《蕀の道》，1931 年，陳澄波舊藏，中央研究院臺灣史研究所藏

註

1 關於陳澄波描繪嘉義的作品，以及他的故鄉意識，請參考拙著，〈陳澄波繪畫中的故鄉意識與認同——以《嘉義街外》（1926）、《夏日街景》（1927）、《嘉義公園》（1937）為中心〉，《國立臺灣大學美術史研究集刊》33期，2012年，頁271-342。

2 磯崎康彥、吉田千鶴子，《東京美術学校の歴史》，日本文教出版株式會社，1977年，頁137-138。

3 〈嘉義之近況〉，《臺灣民報》，1925年9月20日，第12版。

4 同上註。

5 同上註。

6 同上註。

7 陳翠蓮，《百年追求：臺灣民主運動的故事 卷一 自治的夢想》，衛城出版，2013年，頁61。

8 〈東京留學生講演〉，《臺灣民報》，1925年8月23日，第5版。

9 同註3。

10 同註3。

11 陳翠蓮，前引書，頁59-63。

12 〈臺灣議會設置請願歌〉，《臺灣》，第4年第3號，1923年3月。收錄於周婉窈，《日據時代的臺灣議會設置請願運動》，附錄四，自立報系文化出版部，1989年，頁204。

13 臺灣總督府警務局編，《臺灣總督府警察沿革誌第二篇 領臺以後的治安狀況（中卷）》，臺灣總督府警務局，1939年。譯文參見王乃信等翻譯，《臺灣總督府警察沿革誌第二篇 領臺以後的治安狀況（中卷）台灣社會運動史（1913-1936）第一冊文化運動》，海峽學術出版社，2006年，頁196。周婉窈，前引書，附錄六，頁214。

14 周婉窈，前引書，頁91-92。

15 吳三連、蔡培火、葉榮鐘、陳逢源、林柏壽，《臺灣民族運動史》，自立晚報社文化出版部，1971年，頁137-138。

16 照片可參見第七次臺灣議會設置請願運動代表在1926年1月26日抵達橫濱時所拍的合照。李欽賢，《臺灣美術之旅》，雄獅美術，2007年，頁85。

17 根據周婉窈的研究指出，第6回到第8回（1925-1927年）的臺灣議會設置請願運動，可說是蓬勃發展的時期，不但在臺灣各地受到民眾支持的熱潮，請願團自日本上陸後，也沿路受到當地歡迎團的熱烈招待，簽署人數也直線上升，此時正與陳澄波留學的東京時期重疊。周婉窈，前引書，頁70-106。

18 吳叡人，〈「台灣非是台灣人的台灣不可」：反殖民鬥爭與台灣人民族國家的論述1919—1931〉，收錄於林佳龍、鄭永年主編，《民族主義與兩岸關係》，新自然主義公司出版，2001年4月，頁44-45。

19 吳叡人，〈福爾摩沙意識形態——試論日本殖民統治下臺灣民族運動「民族文化」論述的形成（1919-1937）〉，《新史學》17卷2期，2006年6月，頁146-147。

20 同上註，頁143-151。

21 包含本書的陳澄波藏書，目前收藏於中央研究院臺灣史研究所。

文物故事

——說書人：陳澄波

（文物故事皆由參考文獻進行改寫，畫作說明由財團法人陳澄波文化基金會提供）

本展參與展出的畫家有：陳英聲、陳植棋、李澤藩、洪瑞麟、陳澄波，請到特派記者陳澄波來說明此次展覽。

陳：在介紹畫家與畫作之前，想先談一談我們共同的老師：石川欽一郎。

石川欽一郎（一八七一—一九四五），靜岡人，兩度來臺灣。一九〇七年第一次來臺兼任國語學校教師，陳英聲與我在此時期受老師指導。一九二四年接受臺北師範學校志保田校長邀請二度來臺，陳植棋與李澤藩受老師指導。

石川老師的水彩是英國水彩技法，透明度高，有許多在臺灣各地寫生的作品。因為作風親切，老師和學生關係良好，在臺灣積極推動美術團體的成立，促進畫家彼此間交流，如一九二六年七星畫壇、一九二七年臺灣水彩畫會、一九二九年倪蔣懷創立的「臺灣繪畫研究所」等。洪瑞麟就是加入「臺灣繪畫研究所」，跟著石川老師學畫。所以，我們可以算師出同門，各自努力，締造不同的繪畫風格，形成臺灣美術獨特性。以下就依序介紹陳英聲、陳植棋、李澤藩、洪瑞麟和我的作品。

●陳英聲（一八九八—一九六一）

陳英聲，大稻埕人，在國語學校公學師範部就讀時，受教於第一次來臺的石川欽一郎。畢業後，陳英聲任教於大稻埕第二公學校、蓬萊公學校。這期間，在石川老師推動下，與倪蔣懷、藍蔭鼎、陳植棋等人共同組織七星畫壇。

他與宜蘭藍蔭鼎相當要好，可能因為都是老師的關係，有一段時間常一同寫生，《山地風景》就是其中一幅。陳英聲亦有靜物畫的作品，如《三品》。

山地風景

本作從較高的視點俯瞰，試圖將遼闊的部落風情收攏於一景。畫面中央一條斜向的道路，旁有溪水流過，房屋排列於兩側，高低錯落但井然有序。

四周樹幹細長的檳榔樹，拔地而起，伸展到天際，畫家善用棕櫚葉的大小切分畫面層次與遠近關係，形塑兼具寬闊及隱蔽性的山間景色。

與之同在山中聳立的是架高地基、以茅草搭建成三角體建築，整齊地佈排在樹林間的空地。這些造型獨特的屋舍，是當地的排灣族部落特有的穀倉形制。

在寬廣的空間僅有三名人物：前方兩位身著藍色長衣的婦女正在舂米，後方一名披有紅白披肩的男子緩緩走過，平凡自然的畫面編排，流露純樸平和的氛圍。

此畫乃陳英聲與藍蔭鼎造訪佳平部落（今屏東泰武鄉）親見的景致，而這趟旅程另有相關照片保存至今。

陳英聲，《山地風景》，紙本水彩，51.4×69.1cm，約 1935，家屬收藏

陳英聲，《三品》，紙本水彩，51.8×69.4cm，年代待考，家屬收藏

三品

本作畫紙背後題有「三品」，即餐桌上的刈包、東坡肉和火鍋，推測是尾牙時節為了祭拜福德正神（土地公）所準備的供品。

畫面深沉的色調，從而襯托刈包表皮的白嫩、五花肉油脂的剔透與在銅鍋下燃燒的焰火，足見畫家細膩敏銳的感受力和對顏色、筆法掌控的能力。

《三品》不僅嫻熟地描寫桌上靜物，亦是饒富生活味、貼近於臺灣常民的作品。

這幅靜物雖無紀年，但陳

英聲曾於一九三四年以《夕膳》（今不存）一作入選日本水彩畫展；該畫繪有盤中一尾烹調好的全魚，與本作有相似的趣味，應屬年份接近的創作。

陳植棋（一九〇六－一九三一）

陳植棋，汐止人，就讀臺北師範學校期間，因參加一九二四年學潮被退學，在石川老師的鼓勵下，赴日本就讀東京美術學校，而後參與「赤島社」、協助倪蔣懷成立「臺灣繪畫研究所」。

陳植棋創作的《基隆火車站》，是以當時交通要塞的基隆火車站為題材，一般而言不允許在此作畫，透過倪蔣懷的協助，今日才能由此畫遙見一九二〇年代樣貌。

陳植棋，《基隆火車站》，畫布油彩，72.5×90.5cm，1928，家屬收藏

基隆火車站

一九〇八年，第三代基隆火車站竣工，作為臺灣北部港邊的車站，不僅迎來大船入港，也目送遊子離鄉；一九二五年赴日留學的陳植棋，即是搭車至基隆後，再乘輪船出海。

畫家筆下的基隆火車站稍成斜側、配置於畫面中軸偏右處；矮房民居佈排在後，站外廣場開展於前，形構出現代都市寬敞的公共空間。

站前大樹茂盛叢密，延展為遮擋烈日的樹蔭，數名辛勞工作的人力車伕聚集於此，希望在乘涼歇息之餘，招攬幾位途經的旅客；提著菜籃的婦女也難以忍受燠熱的天氣，獨自躲到另一棵樹下享受片刻涼意。

陳植棋無意詳加描繪這座典雅華美建築，反而是採取站體受樹所擋的視角，將目光轉向廣場上的市井百姓，記錄當時臺灣人的日常片刻。

畫家拉近中、遠景的距離，讓帶有西洋歷史式樣的車站與原為依山而建的傳統民房，匯聚成層層堆疊的效果，強化現代文明與本土在地，兩者間交疊之感，展現甫入現代的臺灣城市特色。以穩定構圖、沉著筆法，描繪港灣邊的城區風景；若細看其用色，融混於各處的暗紅、深紫、青綠等色，是獨具個人風格的表現。

●李澤藩（一九〇七－一九八九）

李澤藩，新竹人，就讀臺北師範學校期間，受石川老師的教導，開啟繪畫興趣，曾參加臺灣水彩畫會。師範學校畢業之後，回到家鄉新竹任教，培育英才。作品多描繪新竹風景、古蹟、產業等。如《外媽祖宮廟前》、《香茅油工廠》。

外媽祖宮廟前

熙來攘往的人潮，交織出繁華喧騰的市集風情；前景人物在後方橘紅色的廟宇烘托下，多了熱鬧活絡的氣氛。李澤藩善用色彩的搭配，讓攤商匯集、看似雜亂無章的廟埕保有穩定性與生命力，接著再以水藍色的陰影安排空間次序，建構出彷彿能逐步深入、走訪其間的傳統市街。除了用色的調和，畫家亦使用深色毛筆線條強調特定物像，如右下方孩童輪廓，或是寺廟屋頂朝天翹起的垂脊，為畫面增添動勢之餘，也為筆觸較不鮮明的水彩畫添加更豐富的視覺感受。

本作描繪的外媽祖宮廟，即位於今日新竹北門街的長和宮，因創建之初所在地為竹塹城北門外，與城內的內天后宮相對，故有「外媽祖廟」之稱。

成長於新竹、在當地任教多年的李澤藩，經常挑選清代的遺跡建築入畫，例如潛園、北郭園等私人宅邸，或是城隍廟、關帝廟等信仰中心，體現臺灣的風土文化；而本作結合當地祭祀場域和庶民活動場所，更連繫起畫家的地方情感與對生活的關照。

李澤藩雖在畫面下方標註創作年份為「1938」，但從其相關主題的風格比對，《外媽祖宮廟前》應是完成於戰後的作品，並因西元與民國紀年換算的混淆而導致年代的誤記。

李澤藩，《外媽祖宮廟前》，紙本水彩，56×75cm，1949，李澤藩美術館 藏

李澤藩，《香茅油工廠》，畫布油彩，55.5×70.5cm，1956，家屬收藏

香茅油工廠

裊裊炊煙飄盪在遼闊山林裡，枯黃的草木訴說著微微秋意。李澤藩採用柔和的暖色調，反覆地刷疊出樹葉由綠轉黃的山林風貌；前方的香茅油工廠，以歪扭木材架起高大屋棚，宛如一座小小山頭，融入到四周連綿的山峰。

在屋架底下工作的茅農正忙著添柴生火，將採集好的香茅草蒸餾出香茅油；勞碌的身影與瀰漫的煙霧，為靜謐沉穩的畫面，平添一份動態之感。

本應是嘈雜的勞動場面，經畫家巧思轉化成唯美的自然風景，李澤藩對人文體察顯然不僅止於特定階層，精湛技法的表現，也使其創作無所受限。

臺灣栽種香茅的歷史可追溯到日治初期，自印尼引進後，於新竹州大湖郡的松本農場試種。由於此地適宜的風土氣候，滿足種植香茅的條件，再加上簡便的培育方式且具經濟價值，獲得官方大力提倡，香茅產業逐漸在竹苗一帶的山坡地區興盛。到了戰後，在不穩定局勢下，臺灣取代過去出口香茅油的東南亞國家，搖身一變為主要外銷產地，在一九五〇—六〇年代達到高峰。

因此，縱使《香茅油工廠》未有透露山野之外蓬勃榮景的意味，李澤藩筆下的香茅寮亦可視作產業活絡盛況的見證。

洪瑞麟（一九一二—一九九六）

洪瑞麟，大稻埕人。一九二九年加入倪蔣懷創立的「臺灣繪畫研究所」，隨石川欽一郎習畫，自日本帝國美術學校畢業的洪瑞麟，在返臺後，考量沉重家計，遂進入倪蔣懷承包的瑞芳二坑煤礦任職，與礦工們同樣身處坑道。做著粗工的他，不時利用簡易畫具，及時捕捉工作夥伴們胼手胝足的身影，因此，礦工也成為他最具代表性的題材，如《礦坑群像》、《礦工洗澡》。

幽微的光暈交雜在一片渾沌之中，照亮了埋首苦幹的礦工們。洪瑞麟以粗黑簡筆勾勒勞動人體，以灰暗墨色塗刷礦坑內陰鬱，將常人也許不曾接觸但是真實存在的工作場景，生動地呈現在我們面前。

畫中的礦工有人彎腰、有人趴坐，暗示坑道低矮狹小的空間；而快筆刷染下形成的凌亂筆觸，則表現勞動者們不停歇的動作狀態，以及崎嶇不整的工作環境。

本作模糊昏暗的基調有如引領觀者親睹現場，即便被塵土沾染雙眼，依然能夠感受到那從勞動中迸發的生命力。

洪瑞麟曾言：「雖然畫中表現不出礦工們的辛勞，但總能表現出他們的工作是神聖的。我覺得自己的畫必須和現實生活連繫起來才有意義。將礦工們神聖的工作表現在畫幅中，這是藝術賦予我的使命。」

畫家自許是身負重任的傳道者，藉由畫筆挖掘泥石土礦間勞動的光輝，猶如對礦友們的謳歌，讓畫面繚繞著崇高聖潔的樂音。

洪瑞麟，《礦坑群像》，紙本水彩，28.9×40.7cm，1948，私人收藏

礦工洗澡

洪瑞麟長達三十餘載的礦場生涯，朝夕與礦工們互動相處，培養出極為深刻的情誼及認同。

本作以工作結束後準備入浴的礦坑工人為模特兒，兼具私密性與生活感，足以見得畫家和礦友們之間緊密的交情。

洪瑞麟先是以炭筆速寫三名人物的肌理，再用墨筆大致勾畫身體輪廓，帶有著線條的動感及量體的厚實。長期蜷縮在坑道從事勞力工作的礦工，往往因肌肉關節的壓迫而有佝僂扭曲的肢體。看似壯碩的臂膀實則是辛勞的堆積，下班後的清潔，只能除去表層的髒污，除不掉身體經年累月的負荷。

一九三〇年前往日本的洪瑞麟，由於東京美術學校的招生制度改變，所以放棄報考的念頭，轉而在隔年進入甫創立不久的帝國美術學校。有別於東美的保守，帝美開放的校風給予洪瑞麟豐沛創作養分，除了奠定深厚的素描基礎，亦接觸到許多前衛新興的畫派，其中又以關懷社會底層人物的普羅美術感召至深。

受此影響，洪瑞麟在畢業後前往日本東北的山形，描摹皚皚雪景裡樸拙的平民百態；回到臺灣後任職於礦場的他，繼續繪寫著不被社會多數人關心的勞動者們。

「虔誠地繼續探索你們的奧妙／刻劃在紙和板上／永遠的讚頌」，洪瑞麟在〈礦工頌〉裡歌詠著一齊打拚的礦友，無論是挖掘岩土還是休憩沐浴，想必在他眼裡都煥發至高無上的美。

洪瑞麟，《礦工洗澡》
紙本水彩，59.7×18cm，1954，私人收藏

最後，自己的兩幅作品，就由後人為我解讀。

群眾

狹小的空間擠滿了人，各個身體扭曲、行動受阻，令人感到窒息壓抑。在尺幅不大的木板上，運用粗率筆法和多重色彩，表現人潮群聚下的躁動與不安。人物面容僅以簡筆帶過，卻難掩眉宇間的不耐和愁緒，可想在這樣侷促擁擠的惡劣環境下，任誰都無法產生一絲愉悅。如同本作以市井小民的群像為題，在畫家的創作歷程，甚至是同時代臺籍藝術家的作品中皆屬罕見；因此，縱然《群眾》畫面簡略、描繪地點難以判定，仍不減其所具有之特殊的重要性。

受到俄國無產階級革命思想的刺激，以及第一次世界大戰後蕭條的經濟與關東大地震的影響，一九二〇—三〇年代初期的日本形成一股普羅美術運動的浪潮。所謂「普羅」（Proletariat，プロレタリア）即一般大眾，尤其指涉無產階級，而「普羅美術」則是指關懷社會底層人物的美術創作，具有左傾的立場。

陳澄波在此期間先後長居在東京和上海，關注於畫壇脈動的他，多少會接觸有關普羅美術的訊息。《群眾》一作選擇眾人集聚的場面為畫題，與日本的普羅繪畫、中國的新興木刻版畫相呼應，或許能被視為陳澄波在這波藝術潮流下的嘗試。

陳澄波，《群眾》，木板油彩，23.8×33cm，年代待考，私人收藏

陳澄波，《溫陵媽祖廟》，畫布油彩，91×116.5cm，1927，私人收藏

溫陵媽祖廟

畫面分作左右兩部分，左半部以三開間的溫陵媽祖廟為主題，紅色外牆，以油彩顏料堆疊成色彩繽紛的剪黏，三兩居民聚集於廟埕前，流露輕鬆自在的氛圍。溫陵媽祖廟即為現今嘉義朝天宮，創建於乾隆年間，到日治初期才遷至現址，座落於國華街、延平街交叉口。

在畫面右半部，長長的道路為現今國華街，以單點透視法，道路盡頭消失於遠方，而盡頭那端是陳澄波舊居。道路兩旁佇立著電線桿，根據電線桿陰影、撐傘、戴斗笠的居民、畫上的題記，推測此幅描繪夏日上午的居民生活。

陳澄波以住家附近的溫陵媽祖廟為題材，電線桿、廟埕前汲水的居民，水流的溝渠、排水系統的設施，在同時期的相關作品，如入選帝展、描繪故鄉嘉義的《嘉義街外》、《夏日街景》亦可見，呈現出一九二七年新舊交疊，逐漸邁向現代化的臺灣社會。

文協動知識

文學與美術的交會

【展覽訊息】臺陽美術協會成員剛於五月三日，結束於臺北教育會館的第三回臺陽展，旋即來至臺中，喜好藝術的朋友們，千萬別再錯過。

#臺陽美術協會 #臺灣文藝聯盟

Q
你知道美術與文學交會的關鍵人物是誰嗎？

圖 1

圖 2

文協動知識

文學與美術的交會

A

張星建

張星建為中央書局營業部主任、臺灣文藝聯盟成員、《臺灣文藝》發行人與編輯。在尚未編輯《臺灣文藝》之前，就大力支持臺灣美術家，如畫家、臺灣文藝聯盟嘉義支部成員的陳澄波至中央書局舉辦洋畫講習會；李石樵為巫永福、賴和父母繪製肖像畫等，皆是張氏牽線。

一九三四年創刊的《臺灣文藝》封面或是刊登關於臺灣美術的文章，皆能見臺陽美協與臺灣文藝聯盟的交流。

目前所存兩張拍攝於一九三七年第三回臺陽展臺中移動展的照片，當時《臺灣文藝》雖已停刊，楊逵也脫離臺灣文藝聯盟，另創辦《臺灣新文學》，仍可見當時藝文界的情誼。

圖 1　一九三七年五月八日，第三回臺陽展臺中移動展會員歡迎座談會。一排右起：洪瑞麟、李石樵、陳澄波、李梅樹、楊三郎、陳德旺；二排右起張星建、林文騰、李献璋、田中保雄、楊逵；三排右起吳天賞、莊遂性、佚名、葉陶、張深切、巫永福、莊銘鐺。（中央研究院臺灣史研究所典藏）

圖 2　一九三七年五月八至十日，第三回臺陽展臺中移動展時，臺陽美協畫家等藝文界朋友與楊肇嘉同遊。前排右起：呂基正、洪瑞麟、陳德旺、陳澄波、李梅樹、楊肇嘉、佚名、張星建；後排右起：楊三郎、李石樵。（中央研究院臺灣史研究所典藏）

參考書目

林振莖，〈美術舞台上的燈光師——論日治時期張星建在臺灣美術中扮演的角色與貢獻〉，《探索與發掘——微觀台灣美術史》，博揚文化，2014 年 3 月，頁 74-113。

The Closeness of Us (1930 - 1940):
Intellectuals and Society on Common Footing

第三章 CHAPTER 03

起身

我們之間竟如此近——一九三〇—一九四〇年代知識分子與大眾的相視

一九三二年留日的臺灣青年創立文藝團體「東京台灣藝術研究會」，一九三三年發行雜誌《フォルモサ》（福爾摩沙），發刊宣言訴諸這樣的理想：「從心裡新湧出我們的思想及感情，決心來創造真正臺灣人所需要的新文藝。我們極願意重新創作『臺灣人的文藝』」，三句話強力宣告以民間的歌謠傳說開展自己的文學。這個生自土俗的民間文學，是臺灣前所未有的文學概念。

說書人

同心，向民間跑去——一九三〇年代的民間文學文化運動

募集

臺灣民間文學集

親愛的你

最近你告訴我〈十八攜籃〉驚奇故事，還有〈林大乾兄妹〉，我已經對海盜林道乾有不同的印象。

你說鄰里大家都曉得這些事，我很驚訝，我徒然地活這麼久，竟然不知道。

我回去跟朋友王詩琅、廖漢臣講這些故事，他們聽完都覺得很有興趣。

下次，聽你再講一次，紀錄下來，研究一下，我想這是我該做、應做而且易做的事。

參考文本：李獻璋《臺灣民間文學集》

李獻璋（一九一四—一九九九）
桃園大溪人

早稻田大學文學部東洋哲學科畢業。

一九三〇年代開始因有感民間文學之價值，採集民間故事作品散見《南音》、《第一線》等，一九三四年加入大溪革新會，主編《革新》，一九三六年編輯出版《臺灣民間文學集》為其代表作品，內容有收錄民歌、童謠、謎語的「歌謠篇」與各地作家搜集民間故事改編而成的「故事篇」。戰後曾受聘於東京、香港學校擔任講師研究員等。

李獻璋

一九三五年十月，李獻璋送印《臺灣民間文學集》，這是他三年多來向大眾徵集的歌謠與民間故事。但還等不到書籍的出版，他便因疲累致病而住院療養。賴和了解他的苦心，代筆寫下向民眾徵集的意義：「這些被一部士君子們所擯斥的民間故事與歌謠，到了現在，還能夠在民眾的嘴裡傳誦著，這樣生命力底繼續掙扎，我們是不敢輕輕看過的；何則？因為每一篇或一首故事和歌謠，都能表現當時的民情，風俗，政治，制度；也都能表示著當時民眾的真實底思想和感情，所以無論從民俗學，文學，甚至於語言學上看起來，都具有保存的價值。」

一九三〇年代中期，新文學的啟蒙運動持續，知識分子更進一步辯論著，誰是作為閱聽者的「大眾」——是苦勞的底層勞動者？還是泛指一般百姓？這裡開啟了另一個思辨，有人決定轉向，跳到大眾讀者的角度，追求別出一格的創作方向。一九三〇年代，像李獻璋這樣的知識分子，感受到一股力量，「只有沒有受過多大的腐儒的薰治的民眾，才能把自己的生活與思想，赤裸裸的表露出來」。啊，民間文學、俗文學，原來就是與大眾承裝共同情意的載體。

由詩的空想開出可愛的美麗花朵：李献璋與《臺灣民間文學集》

陳淑容

《臺灣民間文學集》於一九三六年六月發行初版，根據版權頁，編著者為大溪人李献璋，發行人為臺北臺灣文藝協會王詩琅，總販賣則位於臺中梅枝町五十三——即臺灣新文學社的社址，也是楊逵的賃居之處。楊逵主編的臺灣新文學社不只擔任總販賣，一九三六年十二月的《臺灣新文學》一卷十號更為本書刊出全頁廣告。大標題是「大快報：四百餘萬民眾所期望的」；「臺灣人全體的心血的綠肥，埋葬著不開的先民的遺產」；「千家必備的有字天書」，即使事隔近百年，這些宣傳文字仍使人讀來意氣昂揚，熱血沸騰。

廣告的正文寫道：「如所週知，每一民族裡的歌謠與傳說、都是其國民的生活之寫照、情感的記錄、又是其智慧的積累、同時是其行動的無形的支配者。所以臺灣民間文學集可謂臺灣人全體的詩的想像力的總計、是應占有文藝園地頭一頁的美麗的花朵、是先民的思想所結晶的金字塔、其中有做臺灣人應該知道的初民的宇宙觀、宗教思想、道德標準、重要史料、並對于自然界的認識等々。」這些介紹，將民間文學提升到國民國家的建構層次。

《臺灣新文學》的廣告正呼應著李献璋為《臺灣民間文學集》撰寫的序文，李序最後引用《虞里姆童話集》（即《格林童話》）序，提醒我們：「不要被一般，不可想為這書的集成者，是專為兒童和家庭而作的。他的目的倒是在於要使從來埋藏著的這些共同的寶物——國民由詩的空想裡，開放出來的這些可愛的美麗花朵，復再現露於明耀的日光底下的。」且讓我們跟著李献璋及其腳步，踏尋這株可愛的美麗民間文學花朵。

李献璋，桃園大溪人（一九一四—一九九九），曾赴廈門集美中學就讀，返臺後參加臺灣文藝協會及臺灣文藝聯盟，致力蒐集歌謠、謎語與故事。一九三四年籌創大溪革新會，發行《革新》雜誌，致力於大眾文化啟蒙與改革迷信運動。李献璋的早期作品散見於《南音》、《革新》、《第一線》、《臺灣文藝》以及《臺灣新民報》等報刊。一九三六年出版《臺灣民間文學集》，根據賴和序，李献璋曾對楊守愚表示：「為了這集子我所費的精神（中略）和物質（中略）是如何的多呢，啊！我的精神已溶化在這集子了……」，可見其用心之深。

李献璋於一九三八年赴中國擔任通譯，一九四〇年返臺，與楊玲秋女士結婚，並於該年底編成漢文《臺灣小說選》，卻在出版前夕遭禁。李献璋是才華洋溢而早慧的文藝青年，他在一九四三年以媽祖研究取得早稻田大學文學部東洋哲學科學位。戰後，於東京擔任生活文化雜誌《華僑生活》及《東京中華日報》編輯，仍持續從事媽祖研究，並關注語言學與民俗學。一九六〇年，獲得國學院大學舊制外國籍博士學位，活躍於東洋史領域，直至一九九九年過世。

這本《臺灣民間文學集》，由賴懶雲（賴和）序、陳澄波封面設計。四六版，五百餘頁，定價為精裝本參圓，平裝本一圓五角。根據目次，全書分為歌謠篇與故事篇。歌謠篇有民歌、童謠與謎語三類，無作者，總計民歌五八二首、童謠一四二篇、謎語二七三則，並附臺灣竹枝詞十首。

故事篇則集結朱鋒等各地共十四位作家採集後改寫的二十三篇作品，分別為：朱鋒〈鴨母王〉（赤崁），守愚〈美人照鏡〉（彰化），黃石輝〈林大乾兄妹〉（鳳山），夜潮〈林道乾與十八攜籃〉（打鼓），李獻璋〈石龜與十八義士〉（諸羅），李獻璋〈林半仙〉（鳳山），李獻璋〈一日平海山〉（諸羅），愁洞〈無錢打和尚〉（笨港），夜潮〈鄭國姓打臺灣〉（打鼓），黃得時〈國姓爺北征中的傳說〉（臺北），林越峯〈葫蘆墩〉（豐原），懶雲〈善訟的人的故事〉（彰化），點人〈媽祖的廢親〉（諸羅），一吼〈憨光義〉（鹿港），毓文〈張得寶的致富奇談〉（艋舺），毓文、守愚、點人、獻璋〈邱妄舍〉（通行全島），王詩琅〈陳大戇〉（大嵙崁），李獻璋〈過年緣起〉（大嵙崁），病夫〈汪師爺造深圳頭〉（彰化），朱鋒〈林投姉〉（赤崁），朱鋒〈賣鹽順仔〉（赤崁），〈郭公侯抗租〉（赤崁）與守愚〈壽至公堂〉（彰化）。

這些臺灣民間歌謠與故事，不只為後世保存豐富的歌謠材料，也呈現全臺各地相同或互異的風土民情。李献璋認為民間文學表現了臺灣人的「民族性」，因其：「是先民所共感到的情緒，是他們的詩的想像力的總計，是思維宇宙萬物的一種答案，同時也就是民眾的思想行動的無形的支配者。[1]」在整理民間文學時，李献璋又強調臺灣的鄉土性——雖然由閩南遷徙而來，但經過歷史與地理的變遷而帶有獨自的鄉土特性。因而在表記上，他選擇漢字為記錄主體，若無適當漢字則創新字，或以羅馬拼音註解。這些編選準則，反映李献璋的民間文學學術素養。

另一方面，我們也好奇一九二〇年代強調啟蒙，批判傳統，破除迷信的臺灣文化協會志士，如何看待這古老、久遠的民間文學技藝？事實上，為該書作序的賴和在執筆的〈賴序〉就指出：「這些被一部士君子們所擯斥的民間故事與歌謠，到了現在，還能夠在民眾的嘴裡傳誦著，這樣生命力底繼續掙扎，我們是不敢輕輕看過的（下略）。」賴和接著說：「每一篇或一首故事和歌謠，都能表現當時的民情，風俗，政治，制度；也都能表示著當時民眾的真實底思想和情感，所以無論從民俗學，文學，甚至於從語言學上看起來，都具有保存的價值。」也因此，賴和給予本書及編者：「極盡臺灣民間文學

◎註解

1 李献璋，〈自序〉，《臺灣民間文學集》，臺灣新文學社，一九三六年六月，頁四。

的偉觀」之高度評價。

賴和或李献璋的民間文學觀念反映其所置身的時代思潮。由於李献璋強調采錄民間歌藝之意義，除可繼承先人智慧，發揚民族資產之外，更能藉此整理，醫治文盲症，使得勞農百姓，在工作休息時做為慰安並得以識字。《臺灣民間文學集》一方面匯集一九三〇年代鄉土文學與臺灣話文論爭之後，如黃石輝等臺灣話文支持者的主張，刊登其作品；同時也能囊括不同觀點的中國白話文支持者，如林越峰、朱點人、廖毓文等人采錄的民間故事。亦即，不管基於民族文化論或大眾啟蒙論，以民間文學推動文藝大眾化的方法已在一九三〇年代中葉以後有所共識。

《臺灣民間文學集》作為一部總結之作，從文藝媒介而論，可以上溯至一九二一年臺灣文化協會影響所及而成立的各種報刊，吸取其對於民間文學的提倡與采錄成果。從文學社群而論，也集結一九三〇年代包括南音社、臺灣文藝協會、臺灣文藝聯盟以及臺灣新文學社等各方文化力量而成。

但其實，本書從發行到刊出可說一波三折。先是付梓前，李献璋與張深切為了民間文學的價值與迷信問題展開爭論。而提早於《臺灣新文學》發表的朱鋒〈鴨母王〉一文，也引發正反兩極的意見交鋒。之後又有李献璋與印刷廠的合約糾紛以及編輯李氏的接連重病。六月十三日《臺灣新文學》初版發行以後，又因楊守愚所采錄的〈壽至公堂〉涉及到霧峰林家的先人事蹟，招致林幼春等人抗議，乃迅速在同年七月二十日發行再版，而初版中也有未及更新而將爭議文章全篇切掉的案例，這個迅速再版的紀錄即便在戰後臺灣也屬少見。

《臺灣民間文學集》的奇奧之處還不止於此。最後，我們談談封面。本書封面有李献璋題字的書名與簽名，各以紅黃底色框出。底圖，是一幅月夜，周遭星光閃爍。小丘上有樹，葉形奇特似蝙蝠亂舞，枝幹上棲息貓頭鷹家族三，以結有果實的椰子樹作為背景。這幀素描以月夜襯托貓頭鷹的神祕性，又以椰子樹帶出臺灣熱帶風情的素描，貼切呼應「民間文學」悠長、神祕又富於幻想的特質。封面設計的另一亮點，則是左下角的「澄波」簽名。二〇二〇年底，陳澄波文化基金會在官網貼出基金會團隊於畫家的數千張素描堆中找到的貓頭鷹圖案。這些珍貴的出土文獻為一九三〇年代臺灣文學與美術的結合作出完美見證，也是在文化協會創立一百周年前夕送給臺灣最好的禮物！

◎參考文本

1 豊田周子，〈『臺湾民間文学集』故事篇にみる一九三〇年代臺湾新知識人の文化創造〉，《日本臺湾学会報》第十三号，二〇一一年五月，頁一一五—一三三。
2 蔡蕙如，《臺灣民間文學集》，臺灣大百科全書，二〇二一年七月九日檢索，https://nrch.culture.tw/twpedia.aspx?id=2160
3 呂政冠，「李獻璋」，《日治時期台灣現代文學辭典》，聯經出版公司，二〇一九年六月，頁一八六—一八七。
4 陳龍廷，「臺灣民間文學集」，《日治時期台灣現代文學辭典》，聯經出版公司，二〇一九年六月，頁三一八—三一九。

文物故事——說書人：李獻璋

（文物故事皆由參考文獻進行改寫）

【猜謎】

「溪口一抱草，囝子𣍐贏，老人背抱走。」猜跟人相關的。

答案是——嘴鬚

再來一個簡單的：「出門一蕊花，入門一條瓜。」猜物品。

你有猜到嗎？

答案是——雨傘

這些謎語是自一九三二年開始搜集，累積到兩百多則時，想說慢慢整理出來纂錄於《臺灣新民報》當作一個報告。為了不忍看到先民的遺產漸漸流失，希望蒐羅它們，用文學記錄下來永久保存，一來這些作品可以調查風俗、研究民族，二來可以提供給關心兒童教育的資料者取材，摸蜊仔兼洗褲，一兼二顧，這樣簡單的心願，漸漸踏上蒐集臺灣民間文學之路。

後來，一九三五年《第一線》推出「臺灣民間故事特輯」，引

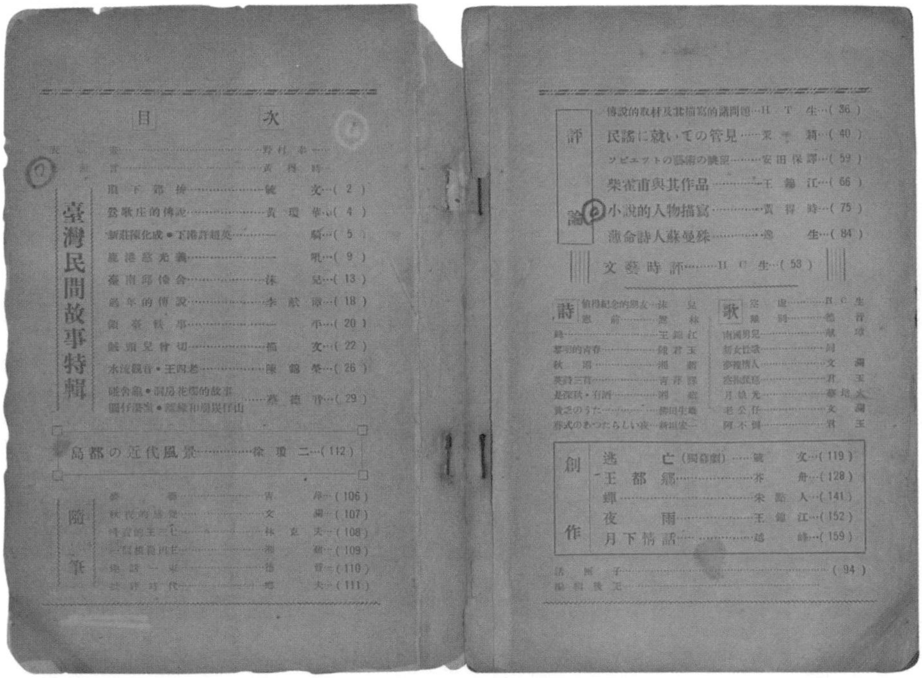
目次

臺灣民間故事特輯

艋舺下郡倖……毓文…（2）
鶯歌庄的傳說……黃環華…（4）
……稿…（5）
鹿港慈光義……吼…（9）
……泉…（13）
過年的傳說……李獻璋…（18）
……平…（20）
……文…（22）
水流觀音・王四老……陳錦榮…（26）
……蔡德音…（29）

島都の近代風景……徐瓊二…（112）

隨筆
……（106）
……（107）
……林克夫…（108）
……（109）
……（110）
……（111）

評論
傳說的取材及其描寫的諸問題…H T 生…（36）
民謠に就いての管見……（40）
ソビエットの藝術の誕生……安田保譯…（59）
柴霍甫與其作品……王錦江…（66）
小說的人物描寫……黃得時…（75）
薄命詩人蘇曼殊……逸生…（84）

文藝時評……H C 生…（53）

詩

歌

創作
逃亡（獨幕劇）……毓文…（119）
王都鄉……芥舟…（128）
蟬……朱點人…（141）
夜雨……王錦江…（152）
月下情話……越峰…（159）

國立臺灣文學館典藏，登錄號：NMTL20100021581，黃得時 捐贈

起討論，這使我元氣大增，對於出版《臺灣民間文學集》，更是在所不惜。

「臺灣民間故事特輯」《第一線》

一九三五年一月六日出刊的《先發部隊》，第2號改名為《第一線》，黃得時在卷頭言〈民間文學的認識〉提到，臺灣對於民間文學普遍缺乏關心與認識，缺乏傳說故事的收集。因此《第一線》推出「臺灣民間故事特輯」，刊載由廖毓文、李獻璋、陳錦榮、蔡德音等人收集的臺灣各地（艋舺、鶯歌、臺南等）民間故事與傳說，題材包含地方歷史、傳說性人物、過年習俗等。

《臺灣民間文學集》這本書，我可說是校長兼撞鐘，主編兼責任編輯。書中分歌謠篇和故事篇兩部分，歌謠篇除了自己採取的，還挑選雜誌、報紙，總共近千首，算是集大成；故事篇共二十三篇，為了請作家撰寫，還親自跑去邀稿，封面請臺陽美術協會的陳澄波設計，在左下角他有簽名，還有跑印刷廠。

說到印刷廠，不得不一吐怨氣。

為了編書東奔西走，又患重病幾次臥床，結果印刷廠害怕我死掉後，找不到人付錢，所以要一個保證人。然後呢，竟然又說先要拿錢來才要給書，我說要先拿到書再給錢，雙方僵持不下，結果《臺灣民間文學集》一直拖到一九三六年才問世。

李獻璋編著《臺灣民間文學集》

一九三六年六月由臺灣文藝協會發行《臺灣民間文學集》。全書收錄歌謠篇、故事篇，歌謠篇分民歌、童謠、謎語三類，故事篇集結賴和、廖漢臣、楊守愚等各地十四位作家，共二十三篇傳說故事。賴和〈序〉提到每篇歌謠或故事皆能表現當時民情、風俗、政治，也能表示民間真實的思想和感情。

國立臺灣文學館典藏
登錄號：NMTL20100380038
林瑞明 捐贈

陳澄波《風景速寫》

《臺灣民間文學集》封面所描繪的是貓頭鷹，貓頭鷹被視為神祕的象徵，符合當時對民間文學如傳說故事的想像，二〇二〇年在陳澄波所留下之素描中意外發現草稿。

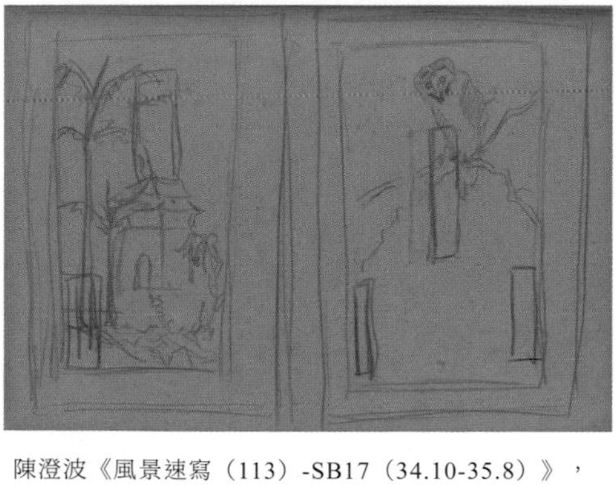

陳澄波《風景速寫（113）-SB17（34.10-35.8）》，約 1934-1935，紙本鉛筆，私人收藏。

當時有人說這本書助長迷信，關於迷信這件事，我的立場很明顯。

一九三一年大溪革新會成立，我是其中的委員，一九三四年六月十六至十八日，由大溪革新會主催漫畫展覽會，與大溪橋開通同時舉行，在雞籠生、林越峯、蔡德音的協助之下，漫畫展覽會包容萬象，有「絕對打倒天堂淨土，努力建設人的樂園」、「只有真理可以使你打破迷信的束縛」、「擊退城隍爺」等作品。同年十月二十七日出版《革新》，收錄二十幾篇文章，內有賴和、楊守愚合著討論喪禮、婚禮的改革，也將雞籠生的〈光明之路〉漫畫刊在裡面。漫畫展覽會與《革新》出刊，可以說是大溪革新會三週年紀念事業的成果。

所以說《臺灣民間文學集》會助長迷信，講這點的人真奇怪。

但〈壽至公堂〉的風波實在是，守愚跟賴和說這是第五次稿，我怎不知撰寫故事的困難，你想，為了這集子我所費的精神（差不多把我三箇年的生命葬送在這集子）和物質（老實說我所積下的幾百圓都為此而支出）是如何的多！我想這些守愚先生也能理解，〈壽至公堂〉最初也是我特意央求他執筆的。

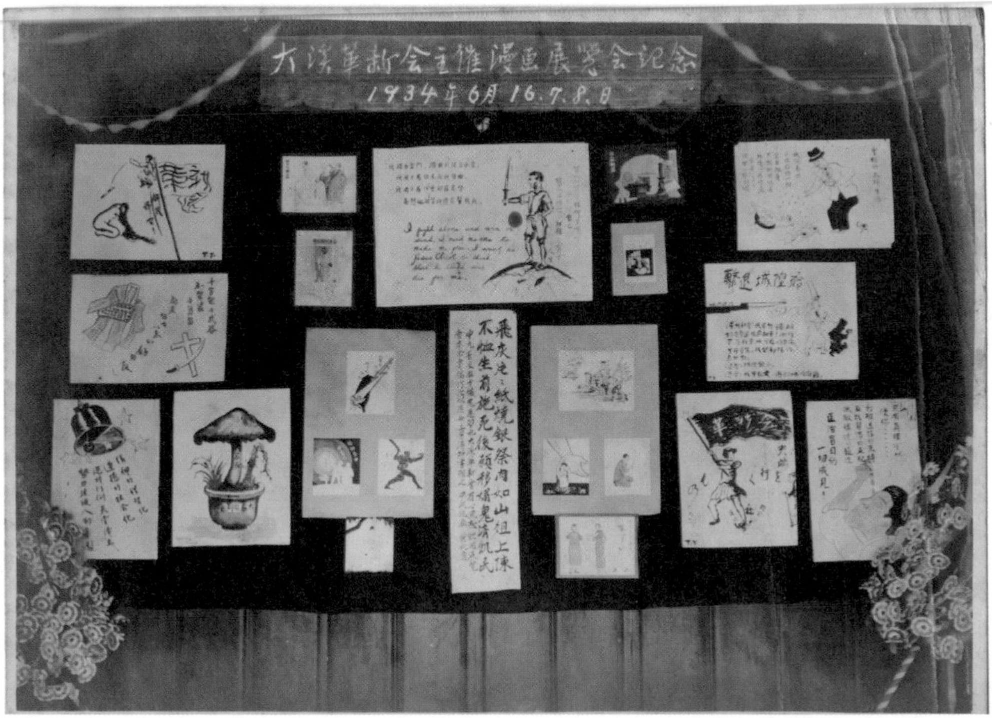

李献璋家屬　提供

我身為主編挾在中間，左右難做人，楊逵、葉陶也幫忙出面調和。我問過守愚是否能把文章抽起，我願意負責，但賴和先生卻認為抽起與否係編者權限，我只能希望守愚他們能體諒我的立場。

大溪革新會主催漫畫展覽會紀念

一九三四年六月十六至十八日，大溪革新會主辦漫畫展覽會，此為日治時期較為少見的漫畫活動，展示漫畫有「革新會」、「擊退城隍爺」、「解放婦女」、「匡治盲目的一切成見」等作品，呼應著大溪革新會打破迷信、改除陋習之趣旨。

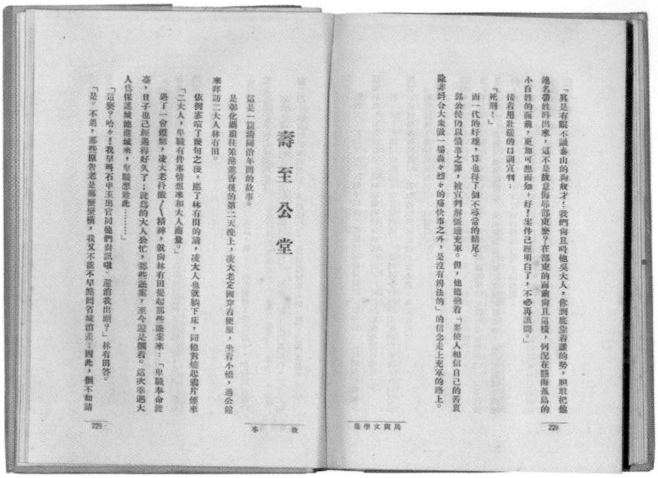

李献璋家屬　提供

楊守愚〈壽至公堂〉《臺灣民間文學集》

楊守愚採集地方故事撰寫〈壽至公堂〉，內容涉及霧峰林家第五代「意圖謀反」、「佔人田產」惹殺身之禍的故事。原收錄於《臺灣民間文學集》，然引發林氏子孫不滿，最終將此篇抽出。此本《臺灣民間文學集》為難得一見保有〈壽至公堂〉的最初版本。

◎參考文本

李献璋編，〈臺灣謎語纂錄（一）〉，《臺灣新民報》1933 年 9 月 15 日，第 8 版。

李献璋編，〈臺灣謎語纂錄（五）〉，《臺灣新民報》1933 年 10 月 6 日，第 8 版。

李献璋，〈編輯後記〉，《革新》，大溪革新會，1934 年 10 月。

翁聖鋒，〈大溪《革新》與「Kenko」的重層現代性鏡像〉，《洄溯與再生——臺灣文學史料集刊・第六輯》，國立臺灣文學館，2016 年 7 月，頁 1-24。http://fly543.blogspot.com/2016/08/kenko.html

許俊雅、楊洽人編，《楊守愚日記》，彰化縣立文化中心，1998 年 12 月。

王美惠，〈民俗或迷信——李献璋《臺灣民間文學集》相關問題探討〉，《崑山科技大學學報》第一卷第一期，2004 年 11 月，頁 1-9。

文協動知識

消失的〈壽至公堂〉

Q《臺灣民間文學集》被撕掉的那幾頁，你知道是什麼故事，以及為什麼被消失嗎？

A 由楊守愚撰寫的〈壽至公堂〉，描繪清代阿罩霧林家第五代橫死公堂的傳說故事。據《楊守愚日記》記載，書發行後，李獻璋收到林幼春的來信，林表示因關乎祖先，認為與事實不同。但楊守愚認為自己只是將傳聞記載下來，並無扭曲故事，兩人因皆不耐乘車，未曾碰面，期間則透過楊逵、賴和、李獻璋多人的奔走調和。

最終，李獻璋將〈壽至公堂〉從書中抽起，楊守愚得知此事，便在日記寫下：「獻璋君真是非凡的人物！不知他記不記得此篇傳說乃他於存本君家，特意央求我執筆的麼？」以此表達他的不滿。

參考文本
許俊雅、楊洽人編，《楊守愚日記》，彰化縣立文化中心，一九九八年十二月。

說書人

Love Letter

親愛的你　相約在公會堂，或是在厝內放78轉，為你唱出〈織女〉、〈一個紅蛋〉、〈春怨〉，當你感到低潮時，這是我能為你做的事。
不要看不起這些歌曲，音樂的力量能撫慰人心，讓我們一起為臺灣歌謠的地位，鋪墊聲音。
參考文本：林氏好〈織女〉、〈一個紅蛋〉、〈春怨〉
Columbia
Viva-tonal
Recording
林氏好
古倫美亞管弦樂團奏樂
80298-B
MADE BY NIPPONOPHONE CO. LTD. KAWASAKI JAPAN

people

林氏好

林氏好（一九〇七—一九九一）
臺南市人

又名林是好，藝名林麗梅。臺南新樓女學校畢業，曾任臺南第三公學校音樂教師、臺南第二幼稚園保姆，因夫婿盧丙丁參與社會運動被迫辭去教職，曾組織臺南婦女青年會。

一九三二年參加古倫美亞歌手考試，開啟演唱生涯，先後任古倫美亞、泰平唱片公司歌手，並前往東京拜關屋敏子為師，二戰後與女兒林香芸培育臺灣音樂、舞蹈人才。

曲盤

於日治時期盛行的蟲膠唱片，取材東南亞的膠蟲分泌物製成。每分鐘七十八圈的轉速，單面可錄製約三分鐘歌曲，一九一〇年代中期引進臺灣。當時臺灣無錄音室等設備，歌手要錄音，須渡船至日本的錄音室，再由臺灣唱片公司進口販售。

笑詼

民間文學是否屬於文學？是一九三〇年代知識分子討論的議題。走入里巷採集的民間文學，包括民間故事、傳說、神話、歌謠、笑詼、俚語諺語等。一九三〇年代唱片公司錄製唱盤，除了民間娛樂二大主流「流行歌」、「歌仔戲」外，亦有錄製「笑詼」，「笑詼」多為二人對話，你一言我一句、帶有節奏韻律，價值觀與內容都不同於讀書士人，是庶民真實的嘻笑怒罵、時事針貶，互虧之中也微微藏著世道關懷。

歌仔戲

一九二〇年代「歌仔戲」大為興盛、流行，由野臺演入劇場成為大戲，題材也漸轉向悲傷、俠義的基調。然而在成為大戲之前，略帶情色的〈三伯英台〉、〈陳三五娘〉早在民間傳唱，並在各地發展出獨到的歌仔調，恆春調、臺南調、七字仔、各地哭調等。一九三〇年代歌仔戲備受爭議，文人雅士視歌仔戲低俗、傷風敗俗，蔣渭水創設的「臺灣民眾黨」就在黨綱斥責歌仔戲。然而並不影響民間的盛行，唱片公司甚至聞到商機而錄製歌仔戲曲盤，吸引廣大群眾。

女性與音樂

文藝，是醫治社會創傷的良藥，也是臺灣走向世界的伸展臺。林氏好，新時代的音樂才女，與文協成員盧丙丁相識、結婚。林氏好嚮往正統音樂而到日本接受聲樂訓練，她吸收到世界的最新思潮，為臺灣的文化運動帶來不一樣的刺激。然而，盧丙丁一九三二年被捕入獄，林氏好因為生活，成為流行唱片大廠「古倫美亞」旗下的專屬歌手。當年一起在「古倫美亞」的還有純純等歌手，有聲樂背景的林氏好與學歌仔戲的純純，各展不同唱腔聲線的樂章。

一九三五年四月新竹及臺中大地震，蔡培火等人發起全島三十六各鄉鎮震災音樂會，以西洋音樂為主，許多女性音樂家如高慈美、林秋錦等人都有精彩的演出。林氏好則與鄭有忠的管弦樂團全島巡迴，演唱〈咱臺灣〉鼓舞人心，〈月夜愁〉、〈離別詩〉撫慰人心，安慰創痛，藝術歌曲〈野玫瑰〉、義大利民謠〈Funiculi-Funicula〉則是開闊眼界。

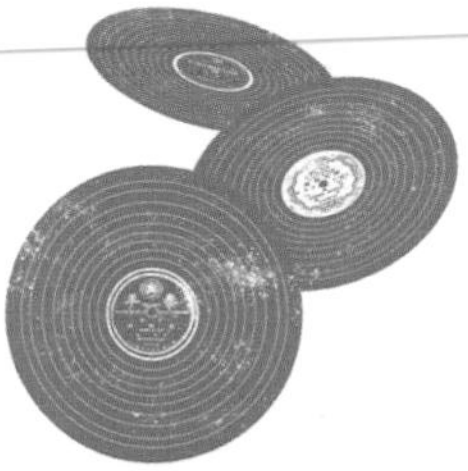

流行歌

一九二九年日本蓄音器商會發行〈烏貓行進曲〉，為目前所知最早在圓標印上「流行歌」三字的曲盤；一九三二年，電影《桃花泣血記》引進臺灣，宣傳歌曲〈桃花泣血記〉意外大受歡迎，古倫美亞因而收音灌片，成為第一暢銷的唱片公司。一九三三年起，古倫美亞創製多首流行曲〈望春風〉、〈紅鶯之鳴〉、〈跳舞時代〉、〈閒花嘆〉，一躍成為臺語歌的代表。

除了古倫美亞，一九三四年泰平唱片由陳運旺、趙櫪馬主持文藝部，也投入灌製臺灣流行唱片。其中，黃得時作詞、朱火生作曲的〈美麗島〉，早熟地展現臺灣土地意識。一九三五年勝利唱片公司成立，聘用張福興主持文藝部，一九三六年姚讚福改編歌仔戲作曲「新式哭調仔」〈心酸酸〉，陳君玉曾描述這一盛況：「無疑他這一哭，竟哭得滿城風雨，到處都著『心酸酸』呢。」

遇見林氏好——一個奇女子的音樂漫遊

陳婉菱

【楔子】

林氏好不是位普通的女子。她生在臺灣民風正要大步向前與世界接軌的日本統治時期。她的一生，在其生命所面臨的許多抉擇中，都寫下了傳奇，特別表現在其對自身音樂天賦的掌握與自信，以及其對音樂這項藝術型態的特質與社會大眾文化生活體驗之連結的巧妙運作中。

一九二一年，一群熱衷於追求現代新知且滿懷抱負的有志青年們，組成臺灣文化協會，意氣風發地渴望能將自由文明新觀念，澆灌臺灣全島。他們巡迴全臺，放映活動寫真、演出文化新劇、舉辦文化講演，親力親為走入群眾，藉由各種展現方式擁抱著土地，以傳遞覺醒的價值。

然而，只要遇見過林氏好，你很容易就會發現，當青年們如火如荼地想要將世界帶給臺灣時，在「臺灣人的臺灣」之意念的主導下，林氏好還思念著要把臺灣帶給世界。她的社會性風格氣質展現，既獨立又自主，既堅毅又溫柔，既築夢又踏實。

就以這樣的新潮姿態，她勇敢地選擇以歌唱一途，在女性的社會角色尚曖昧不明的年代中，無懼且清晰地尋索著她的每一個夢想。

【遇見林氏好】

●出生

西元一九〇七年，臺灣進入日本統治第十二年，林氏好出生於臺南州臺南市區（今臺南市中西區），上有一兄。

●喪父

林氏好在十多歲時即面臨父喪，由母親施卻女士獨力撫養長大。

●畢業

在母親的堅持與鼓勵下，接受新式教育，一九二一年自臺南女子公學校畢業。一九二二年時，林氏好再自「教員養成講習所」結業。

●就職

畢業同年，林氏好即以獨立女性之姿進入職場，投入教職，於臺南第三公學校擔任教員。一九二三年，林氏好奉派兼任臺南第三公學校第二幼稚園保姆一職，一九二四年則轉任為幼稚園保姆兼任公學校教員。

●習樂

在擔任教員時期，林氏好接受西樂相關訓練，學習鋼琴及小提琴；同時也接受長老教會女學校的高爾達夫人指導學習聲樂。此外，也透過聆聽唱片的演唱，模仿、自學歌唱技巧。

●婚姻

一九二三年，林氏好與積極投入社會運動、勞工運動與文化運動的知識青年盧丙丁相識、相戀，進而走入婚姻。

●育子

一九二六年，長子盧友仁誕生。一九二九年次子盧文哲誕生。又因喜愛女孩，乃於一九三〇年領養林香芸作為女兒。

●離職

在次子誕生之前，一九二八年時，林氏好因無悔支持夫婿盧丙丁從事社會運動的緣故，被上級強迫離開教職。

●社運

然而，在被迫離職後，林氏好仍無懼當權，更加全力支持夫婿的社會文化工作事業，並進一步協助且共同參與社會運動，與夫同行。同樣在一九二八年，林氏好與盧丙丁的家宅，成為臺灣民眾黨臺南支部事務所及附屬讀報社。在一九三一年時，夫妻聯袂出席蔣渭水的追悼會，兩人並同時應邀擔綱演講。

●女權

除了社會運動，林氏好也積極投身婦女活動，參與「臺南婦女青年會」、臺南女詩人所組成之「香英吟社」，以及以日人為主的「臺南婦人會」。更於一九三一年一月在《臺灣新民報》舉辦之「模擬選舉」中，獲選為臺南市議員。

●專屬歌手

林氏好活躍於社會、政治、藝文相關活動，到了一九三二年十月，臺灣古倫美亞唱片公司招考歌手，林氏好於眾多應試者中脫穎而出，乃受聘與該公司簽約成為其專屬歌手。從此與歌唱藝術結下不解之緣，終其一生，苦心究之，精心樂之。

【音樂漫遊】

●唱片與音樂演出

一九三二年到一九三四年之間，林氏好是臺灣古倫美亞唱片公司的專屬歌手。在這段期間，林氏好赴日本內地灌錄唱片，共發行了八首流行歌，並留下七場公開演出紀錄。

這八首流行歌的曲名分別是：

1〈一個紅蛋〉
2〈紅鶯之鳴〉
3〈琴韻〉
4〈橋上美人〉
5〈咱臺灣〉

6〈落花流水〉（以北京語演唱）
7〈甜蜜的家庭〉（以北京語演唱）
8〈搖籃曲〉

而七場演出的地點以南臺灣為主，包括：

1 臺南放送局
2 臺南公會堂
3 臺南放送局
4 鹽水公會堂
5 鹽埕壽星座
6 臺南放送局
7 屏東公學校

一九三四年底，林氏好從古倫美亞離職，受邀轉入泰平唱片公司，直到一九三五年六月赴日拜聲樂家關屋敏子為師為止。在這段期間，林氏好共發行了六首流行歌，並留下十二場公開演出的音樂會記錄。

這六首流行歌的曲名分別是：

1〈啼笑姻緣〉
2〈月下搖船〉
3〈紗窓內〉

4〈春怨〉
5〈織女〉
6〈恨不當初〉

而此十二場演出的地點，則巡迴全島，包括：

1 嘉義公會堂
2 彰化公會堂
3 臺中公會堂
4 臺北鐵道旅館
5 臺北放送局
6 新竹公會堂
7 臺南公會堂
8 臺南放送局
9 臺南公會堂（中北部大震災義捐音樂會）
10 臺南放送局
11 臺東公學校（中北部大震災義捐音樂會）
12 花蓮昭和會館（中北部大震災義捐音樂會）

●文協風與歌曲製作

關於唱片流行歌的製作，各家唱片公司亦有其專任專職的詞曲作家，如鄧雨賢、李臨秋等。然而，在林氏好所發行的十四首流行歌中，其中十曲有文協人跨刀創作的鑿痕。

1〈琴韻〉詞：蔡培火、曲：蔡培火
2〈橋上美人〉詞：廖漢臣
3〈咱臺灣〉詞：蔡培火、曲：蔡培火
4〈落花流水〉詞：盧丙丁
5〈啼笑姻緣〉詞：趙櫪馬
6〈月下搖船〉詞：盧丙丁
7〈紗窓內〉詞：守民（盧丙丁）、曲：鄭有忠
8〈春怨〉詞：黃金火、曲：施澤民
9〈織女〉詞：盧丙丁
10〈悔不當初〉詞：趙櫪馬

文協人參與唱片歌曲的製作，為當年的唱片市場，提供具有新文學風格之另一流派的歌意曲風。此外，不難發現，林氏好的夫婿盧丙丁作了其中四首歌的歌詞。當林氏好於泰平唱片灌錄這四首歌曲時，盧丙丁已因政治因素而下落不明、失聯多年，這對新世代的藝文佳偶，竟以如此揪心的方式，在唱片中留下共存的印記。

音樂演出與現場曲目

林氏好在每一場音樂演出，皆擔任女高音獨唱，並搭配小型管弦樂團現場伴奏。音樂會的演出內容，通常曲類多元、樂種豐富，可以一九三五年五月十一日下午七時於臺南公會堂所舉辦之震災義演音樂會為例。當晚所安排演出的曲目有：

1管弦樂：有忠管弦樂團

①進行曲〈勝利之父〉／康尼作曲

2女高音獨唱：林氏好

①〈野玫瑰〉／舒伯特作曲、馬門直衛譯詞

②〈港口之舞〉／中山晉平作曲、野口雨情作詞

3男高音獨唱：蔡培火

①〈搖子歌〉／舒伯特作曲、馬門直衛譯詞

②〈港口之舞〉／中山晉平作曲、野口雨情作詞

4女高音獨唱：林氏好

①〈春怨〉／施澤民作曲、黃金火作詞

②〈織女〉／張福原作曲、守民作詞

5管弦樂：有忠管弦樂團

①華爾滋〈多瑙河的漣漪〉／伊凡賽維其作曲

6管弦樂：有忠管弦樂團

①進行曲〈深夜的警鐘〉／立尼可連作曲

7女高音獨唱：林氏好

①〈恨不當初〉／林木水作曲、櫪馬作詞

②〈雨悽悽〉／鄭有忠作曲、櫪馬作詞

8男高音獨唱：蔡培火

①〈作穡歌〉／蔡培火作曲、蔡培火作詞

9女高音獨唱：林氏好

①〈小夜曲〉／多里哥作曲、馬門直衛譯詞

②〈薇拉之歌〉選自歌劇《風流寡婦》／雷哈爾作曲、崛內敬三譯詞

10管弦樂：有忠管弦樂團

①序曲〈巴格達的酋長〉／波耶流作曲

【一個奇女子】

林氏好踏入唱片界，與跟她同期的唱片歌手，具有相當不同的背景。在日治時期，許多受邀灌錄唱片者，多為藝姐或戲班出身，原本已受過傳統戲曲或小曲的歌唱訓練。而林氏好出身教員，其所受過的音樂訓練和演唱技巧，則源於新式教育。

或許是在本能上對西方音樂美感的嚮往，再加上對新時代、新觀念的崇尚，以及對臺灣土地的愛護與關懷，這使得林氏好的音樂生涯，堆疊出重層的文協意念。

以獨唱發聲作為女性發聲

首先，林氏好選擇以西洋美聲的新式表演法，作為其發聲的方式。林氏好透過自身的演唱，其所發之聲，至少具有兩個意義，其一，林氏好在以教會系統為主的嚴肅音樂之外，透過流行歌將西洋音樂的美學帶入臺灣民間。其二，林氏好以女性之姿登台，向民眾展示新式音樂的樣態，走的是另一條女性在社會中發聲的管道。

看看林氏好自己怎麼說：

「……臺灣人都有歌唱臺灣歌、研究臺灣歌、更努力使臺灣歌能得進出於世界的義務。所以我想潛心研究，努力使臺灣的民謠進出於世界，這就是我的抱負……[1]」

以唱片時尚作為追求手段

唱片留聲科技，在日治時期的臺灣是個紀錄和傳播訊息的新興媒介。將「聲音」留進一塊黑黑扁扁、充滿溝槽的「圓盤」裡，透過貴參參的留聲機就可以被反覆播放出來，這是一件神奇的事。林氏好選擇踏入唱片產業，利用唱片這個時尚的商品，踏在新潮的浪頭上，將聲音傳播作為接觸群眾的手段。

當時曾有如下的報導：

「……現在的林氏好，是泰平唱片公司極為器重的國產級女歌手，該公司不但為林氏好錄製內地語（日語）的歌謠，且希望將她的歌聲介紹到全國。……[2]」

以無國界曲目作為啟蒙示範

從林氏好各場音樂會的節目內容來看，場場皆用心，且令人感動。若仔細查看分析各曲目音樂的「國籍」，有來自日本、義大利、西班牙、奧地利……來自世界各國的民謠，或來自歐美大陸的古典音樂，當然，一定有臺灣自己的歌。

林氏好對著《朝日新聞》的記者說：

「……我希望臺灣民謠能以日語唱出；同時又能將日本民謠以臺語唱出，希望藉由音樂的交流，能夠促進內臺兩地的融合。……[3]」

事實上，林氏好做的比她說的還多，她還把日本以外各國的歌曲，以臺語、日語或原語，唱給臺灣聽。且看看一個知識青年可以用音樂，帶給臺灣怎樣的新思想、新眼界，以及新情感。

【永不休止的尾聲】

林氏好在一九三五年六月五日結束於花蓮演出的震災義捐音樂會後，在六月十日即於基隆啟程，搭乘大和丸前往東京，正式拜聲樂家關屋敏子為師，以精進聲樂造詣。

在這趟令她興奮不已的奇妙旅程裡，她心裡想著念著的，都是咱臺灣：「我一定要精進於歌唱的藝術，將人們已遺忘的臺灣民謠唱出來，並將此推展到世界各地……[4]」

一百年後，透過唱片，我們現在仍可以聽見林氏好的歌聲。然而，在她的歌聲中，我們是否聽見她對臺灣的熱情，甚或聽見她還在對我們呼喊著：

請繼續把臺灣唱給世界聽。

◎註解

1 張慧文，《日治時期女高音林氏好的音樂生活研究》，國立臺灣大學音樂學研究所碩士論文，二〇〇二年六月，頁一五九。

2 同上註，頁五十—五一。

3 同上註，頁一九三。

4 同上註，頁一九三。

文物故事

（文物故事皆由參考文獻進行改寫）

說書人：林氏好

在前往東京的大和丸上，有位女子在甲板上……

「你要去東京啊？」

「是。」

「去東京找親人嗎？」

「不，去東京學聲樂。」

「你是聲樂家？」

「是。」

「我對音樂不是很了解，臺灣歌手只知道唱〈桃花泣血記〉的純純，她還有錄製笑詼，是有駱駝標的東洋唱片公司錄製，那張曲盤收錄〈北兵拞路鰻〉、〈烏猫格烏狗〉，其中的滿臺紅就是純純。」

曲盤聽講文化工作室 提供

〈烏猫格烏狗〉封套、曲盤、歌詞

一九三二年由東洋唱片公司出品，編號T101B，曲盤圓標有代表東洋唱片公司的駱駝商標，為臺灣最早發行的笑詼唱片。〈烏猫格烏狗〉以烏狗、烏猫指時髦年輕男女，透過男女對話方式，以十句勸言，如「十隻烏狗九隻沒錢」、「嫁給烏狗會絕三代」，奉勸世人烏猫和烏狗只適合當朋友，不適合當結婚對象。

「看來你真熟識純純，純純跟我曾經是同事呢！我還曾經幫她隨片登臺。」

「隨片登臺？」

「現在電影搭配主題曲的宣傳方式相當盛行，你剛才提的〈桃花泣血記〉就是一個例子。隨片登臺就是電影換帶的時候，歌手登臺演出主題曲。一九三三年良玉影片公司電影《怪紳士》上映搭配〈怪紳士〉歌曲，是純純演唱。後來，電影《怪紳士》在高雄壽星座上映，邀請我『隨片登臺』，我還有留下當時的宣傳海報以及壽星座與良玉影片公司贈送裝謝禮的小信封。」

「那你現在還跟純純是同事嗎？」

「沒有，我後來離開古倫美亞到泰平唱片公司。」

怪紳士謝禮小信封

一九三三年電影《怪紳士》於高雄壽星座（原鹽埕座）演出時，宣傳海報印製「特聘全島唯一古倫美亞公司專屬歌手林氏好女士登臺獨唱」，該電影主題曲原唱為純純。

而寫著「怪紳士」之信封，原應為壽星座與良玉影片公司致贈之酬金。

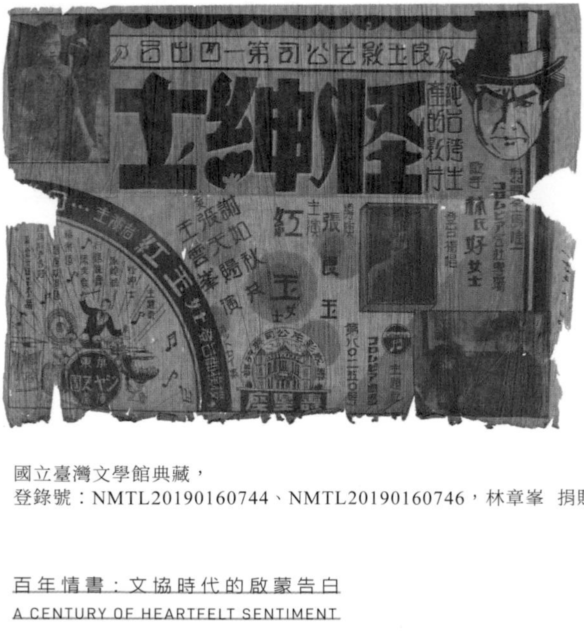

國立臺灣文學館典藏，
登錄號：NMTL20190160744、NMTL20190160746，林章峯 捐贈

「那你也有錄製曲盤嗎？」

「在泰平唱片公司錄製有〈月下搖船〉、〈紗窗內〉、〈春怨〉、〈織女〉等，有一些是我先生作詞，他真是個才華洋溢又充滿熱情的人，像唱到〈紗窗內〉總會觸動我的心。」

坐在沙窗內　等伊還不來　日頭暫暫墜落西　一刻千金敢不知
月光照滿庭　看無伊的影　聽見粉鳥含鈴聲　頭昏目暗鬢邊痛
倒落床中央　想著心頭酸　一暝哭到天光光　目屎流落被單黃

●泰平唱片月下搖船、紗窗內歌單—林氏好女史獨唱節目單

一九三四年泰平唱片公司文藝部在陳運旺、趙櫪馬主持下，開始灌製、發行臺語流行唱片，曲盤編號82002，由林氏好獨唱、泰平管弦樂團伴奏，A面為守民（盧丙丁）作詞〈月下搖船〉；B面為守民作詞、鄭有忠作曲〈紗窗內〉。這是林氏好與夫婿盧丙丁另一種形式的同臺演出。

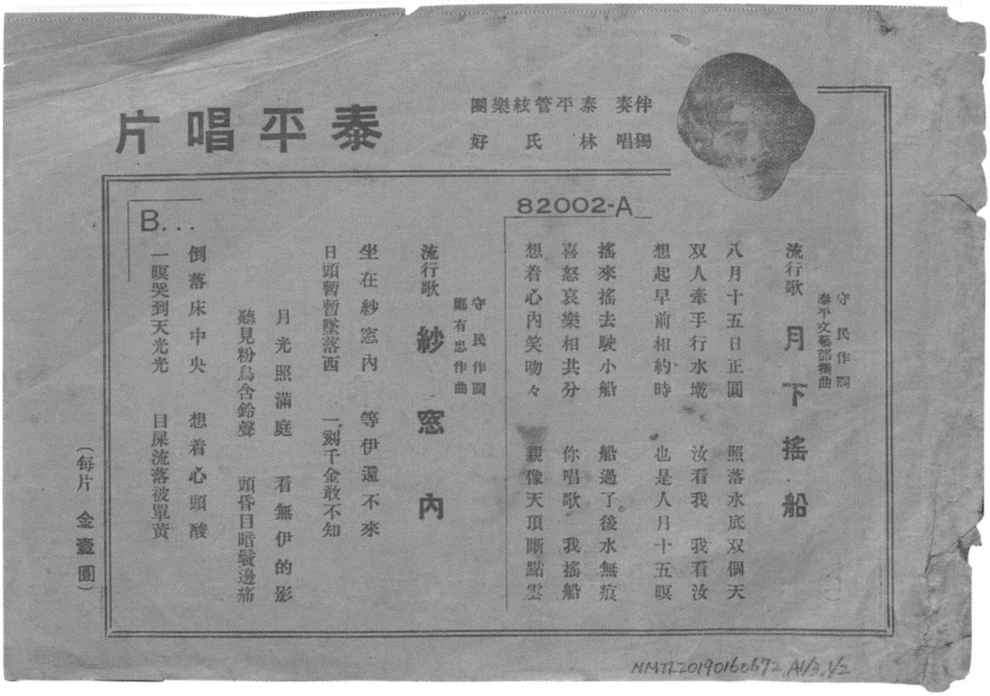

國立臺灣文學館典藏，登錄號：NMTL20190160672，林章峯 捐贈

「幾個月前，臺中州發生大地震，看到地震那麼嚴重，我是聲樂家，希望歌聲可以撫慰人心，為災民盡一份心力。臺灣各界在臺南、臺東、花蓮舉辦震災慈善音樂會，這首〈紗窓內〉我在花蓮登臺獨唱，作曲人鄭有忠也有出席，拉小提琴伴奏。」

「啊？你，你……你敢是林氏好？」

「是。我就是林氏好。」

震災影像，林氏好獨照

一九三五年四月臺中州發生大地震，造成臺中州與新竹州共計三千多人死亡，一萬兩千多人受傷，臺灣各界人士紛紛挺身籌募賑災物資，林氏好則以她擅長的歌唱作為襄助同胞的心意。這是她獨唱音樂會的現場，後方小提琴演奏者為鄭有忠。

國立臺灣文學館典藏，登錄號：NMTL20190160374，林章峯 捐贈

中北部震災慈善音樂會傳單

一九三五年六月五日星期五晚上七點，在花蓮昭和紀念館，由花蓮港音樂同好會主辦「中北部震災慈善音樂會」邀請ソプラノ（女高音）林氏好、ピアノ（鋼琴）林進生、サキソフオーン（薩克斯風）兼ヴァイオリン（小提琴）鄭有忠出席演出。當日林氏好獨唱多首曲目，其中臺灣歌謠演唱鄭有忠作曲〈紗窗內〉、〈雨悽悽〉二首。

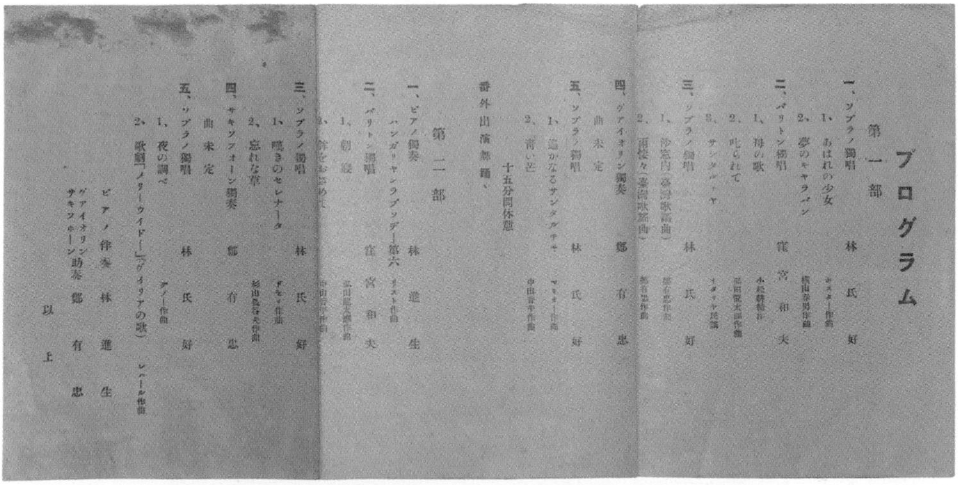

プログラム

第一部

一、ソプラノ獨唱 林氏好
1、あはれの少女 ホスター作曲
2、夢のキャラバン
二、バリトン獨唱 窪宮和夫
1、母の歌 小松耕輔作
2、叱られて 弘田龍太郎作曲
3、サンタルチヤ イタリヤ民謡
三、ソプラノ獨唱 林氏好
1、紗窓内（臺灣歌謡曲） 鄭有忠作曲
2、雨悽々（臺灣歌謡曲） 鄭有忠作曲
四、ヴァイオリン獨奏 鄭有忠
曲未定
五、ソプラノ獨唱 林氏好
1、遥かなるサンタルチヤ
2、青い芒 中山晋平作曲

十五分間休憩

番外出演舞踊、

第二部

一、ピアノ獨奏 林進生
ハンガリヤンラプソデー第六 リスト作曲
二、バリトン獨唱 窪宮和夫
1、朝寢 弘田龍太郎作曲
2、鉾をおさめて 中山晋平作曲
三、ソプラノ獨唱 林氏好
1、嘆きのセレナータ トセリ作曲
2、忘れな草 杉山長谷夫作曲
四、サキソフォーン獨奏 鄭有忠
曲未定
五、ソプラノ獨唱 林氏好
1、夜の調べ グノー作曲
2、歌劇「メリーウイドー」（ヴイリアの歌） レハール作曲

ピアノ伴奏 林進生
ヴァイオリン サキソホーン助奏 鄭有忠

以上

國立臺灣文學館典藏，登錄號：NMTL20190160672，林章峯 捐贈

文協動知識

一九三〇年代音樂界的四大天后

Q 一九三〇年代音樂界的四大天后，你知道是誰嗎？

A 林氏好、純純、愛愛、高慈美

這四位除了高慈美是鋼琴家，其餘為歌手。在臺語流行歌曲百花齊放的時代，歌仔戲戲班出身的純純，曾唱過〈跳舞時代〉、〈雨夜花〉等；本名簡月娥的愛愛，以〈滿面春風〉為人所知；不同於歌仔戲唱腔的林氏好唱紅〈一個紅蛋〉、〈月夜愁〉，三人將臺灣歌謠唱進大眾生活。

一九三五年發生新竹臺中地震，音樂家、歌手巡迴演出，募集震災基金。由《臺灣新民報》董事蔡培火發起的「震災義捐音樂會」，邀請當時就讀東洋音樂專門學校的高慈美，擔任鋼琴獨奏。

原本在公會堂表演的歌手、音樂家，從臺上走向臺下，共同為一九三〇年代臺灣音樂留下璀璨一頁。

舞臺上下，戲棚內外，以戲劇貫穿——戰爭前後的文化運動

Love Letter

親愛的你

在大肚山紅土下，
土地的芬芳，
彎著腰將根扎於土壤，
只要爲人民的理想依舊，
就算我這代無法完成，
還有下一代，
下下一代堅持下去，
我會在花園，
等著你到來。

參考文本：楊逵〈愚公移山〉

楊逵

楊逵（一九〇六－一九八五）
臺南新化人

本名楊貴。臺南州立第二中學校（今臺南一中）、日本大學文學藝術科夜間部。

一九二七年加入臺灣農民組合、臺灣文化協會，一九三四年以〈送報伕〉獲《文學評論》第二獎；一九三五年創辦《臺灣新文學》雜誌。其創作以小說為主，亦有戲劇、評論等，作品呈現關懷普羅大眾精神。戰後因起草〈和平宣言〉被捕，拘於綠島十二年，著有〈春光關不住〉（後改名〈壓不扁的玫瑰花〉）。

文協創立之初，就有「為改弊習涵養高尚趣味起見特開活動寫真會音樂會及文化演劇會」的決議事項。這是臺灣戲劇的新紀元，新戲，成為有別於舊戲（如歌仔戲）的啟蒙情書。一九二〇年代的星光劇團、安平演劇會，再到一九三〇年代張維賢、民烽劇團、林摶秋、厚生演劇研究會，奠定了臺灣現代劇場雛形，也扣連社會運動的需求。

一九四〇年代，皇民化運動席捲，提倡鄉土文學的作家如黃得時，重新召喚舊戲——歌仔戲、布袋戲，不惜加入日本劍俠、歷史小說元素，只求這一類鄉土味的文化延續。戰爭時期，臺灣文化運動看似消失，實際上卻透過扮裝成地方、民俗文化的方式悄悄存活。

戰後初期，簡國賢與宋非我合組聖烽演劇研究會，一九四六年演出獨幕劇《壁》，反映了戰後臺灣社會「朱門酒肉臭、路有凍死骨」的情形，引起熱烈迴響，遭受警察當局扣上「挑動階級鬥爭」罪名而強迫停演，劇團也因此形同解散。戲劇的文化運動，在戲棚內外，一直未離開大眾。

燃燒的熱情：臺灣文化協會與演劇

石婉舜、張晏菖

日治時期臺灣的新劇運動者，在透過中國、日本借鑑於西方，探索新內涵與新形式之際，走上戲劇必得回應現實、提升整體的道路，進而構築出新劇運動的主要精神。百年後身處當代的我們回望，臺灣的戲劇現代化由剝而復，至今依然是趟未竟的旅程，而最初扮演發動者角色的臺灣文化協會知識分子，他們試圖以戲劇揭露社會問題與現代人苦悶的種種理念與實踐，正是今日我們可以不斷回歸檢視的原點。

一九二〇年代，日治時期最重要的三個戲劇現象相繼出現：戲院普及、歌仔戲興起，以及新劇運動發軔，第一代新知識分子正是在此間成長。當他們有機會留學島外，接觸到在日本、中國都方興未艾的戲劇現代化運動，「何謂戲劇？」成了無法迴避的提問：相較於西式劇場上演的新戲劇所展現的文明性與思想性，成長過程中接觸的戲曲文化——尤以寺廟的酬神演劇與戲院中方興未艾的歌仔戲為代表，不啻文化停滯甚至落後的象徵。臺灣文化協會（以下簡稱「文協」）在創立之初，協會專務理事蔣渭水提出的十項文化運動方針中，即包含舉辦「活動寫真及文化劇」，與創辦機關報、讀報社、文化講演會等主要宣傳手段並列[1]。不久，在一九二三年十月召開的第三回總會，會中決議「為改弊習，涵養高尚趣味起見，時開活動寫真音樂會及文化演劇會」[2]。自此「文化劇」之名躍登歷史舞臺，與臺灣文化協會相始終，成為日後對近代新劇運動最初階段的代稱。

最初的骨幹分子引進東京、廈門留學地的戲劇見聞與經驗，尤其戲劇「可以改風易俗、革新社會」一類工具論思維，正中社會文化運動者的下懷，也吸引了更多進步青年加入業餘演劇行列。一九二〇年代的戲劇從事者，幾乎沒有跟文協全然無關者，有的只是親疏遠近的差別。初期以彰化「鼎新社」、草屯「炎峯青年會」及臺北「星光演劇研究會」最具代表性，此時期劇團組成的時間大多不長，但都取得一定的演出成績，為新劇發展累積最初的實務基礎。

文協在一九二七年一月分裂，舊文協勢力出走，另成立以全民政黨為目標的臺灣民眾黨，而新文協則變身為工農大眾立場的左派組織。政治上的分道揚鑣，反而激發兩派的地方支部積極成立劇團，試圖擴散影響力，而促成文化演劇活動更加興旺。民眾黨關係方面，有「臺南文化劇團」、基隆「民運演藝研究會」、「臺北民鐘」等；新文協方面，則以新竹「新光社」、「臺北博愛協會」最活躍。一九二七、二八年成為文化劇上演次數最多、最蓬勃的兩年。當時，文協演劇的據點遍及基隆、臺北、新竹、臺中、彰化、臺南、宜蘭等地，巡演範圍則從都市深入農村。戲劇上演的場合主要配合文協集會活動，譬如在各種文化講演會、懇親會、慶祝母會或支部成立、罷工宣傳等活動中，作為餘興節目穿插演出。另外，也有為了賑災或特定目的募捐的公益性質演出。少數重視藝術表現研究的團體，則會特別租借戲院場地以「試開演劇會」。

「代表臺灣人喉舌」的《臺灣民報》也立足於第一線，在戲劇言論及創作上與投身演出實踐的夥伴們分進合擊。首先在新聞與社論版面，將戲劇提升到重要的文化事務加以關注，並顯現批判歌仔戲、提倡文化劇的鮮明立場。學藝欄方面，對新劇本的提倡不下新詩和小說。尤其一九二七年報社遷回臺灣後，學藝欄編務是由賴和執掌，不再出現中國、日本戲劇的名家名作，卻是轉載一批廈門地區新手作家的劇本，同時也刊載更多的本土創作，為「戲劇」這種有別於傳統戲曲的新體裁，提供觀摩與創作發表的機會。

儘管文協提倡新戲劇的方式多元活潑，但隨著左翼陣營不斷的分化與臺灣共產黨成立，新文協在一九二九年十一月開除溫和左派，進一步激進化成為臺共附屬團體，競爭者臺灣民眾黨也日益左傾，文化演劇活動自一九二九年陷入低迷。臺灣總督府見時機成熟，在一九三一年二月勒令解散臺灣民眾黨，同年六月針對臺共進行全島大逮捕，文協至此消失於無形。

根據初步統計，伴隨文協出現的戲劇結社，約有二十餘團，他們大多來不及自己創作劇本，而是直接向中國、日本借用現成劇作來演出。這段時期上演的劇本多達百部以上，多數來自中國，其中不乏如熊佛西、陳大悲、歐陽予倩、田漢等名家之作；少數來自日本，如菊池寬、尾崎紅葉等。綜觀這些劇本的主題，泰半描寫青年男女積極擺脫封建的家父長制、勇於追求戀愛結婚的故事。婚姻大事，本是受到封建禮教束縛的青年最切身有感之事。《臺灣民報》就曾指標性地在創刊號刊載胡適劇本《終身大事》，該劇成功塑造了一位新女性田亞梅，敢於與父母各自代表的迷信與禮教對抗，最後離家出走、追求婚姻自主[3]。上演最頻繁的劇目是侯曜《復活的玫瑰》，該劇男女主角一樣對抗封建禮教，卻必須歷經幾度以死相搏的痛苦，方得以有情人終成眷屬。文協時代的青年男女們體認到，戀愛和婚姻就是一場向父祖輩的奪權與戰鬥，通過反抗，甚至不惜決裂，個人與社會的解放及自由方得以誕生。其他常見的戲劇主題，則環繞著階級、鴉片毒害、拜金主義等等的批判。

《臺灣民報》上的本土原創劇本，則集中取材自時代青年的切身經驗，描繪在保守的體制下有志難伸，進而投身社會運動的果敢勇氣，以及對於文協分裂、昔日夥伴失和的苦惱困頓。這些劇本雖然未必有機會搬上舞臺演出，但一個時時反思自我與社會的時代青年形象已躍然紙上。

站在殖民統治對立面的臺灣文化協會，其演劇活動自然也成為警察關注的對象，除了《臺灣民報》曾有轉載劇本被鑿空刪除的紀錄，文協也屢屢抗議出現在活動舞臺下的警察——他們要求事先送審劇本，並且會全程監看演出是否照本宣科，稍有脫溢即被警告，甚至中止。另一方面，文協年代新戲劇的發展固然受到殖民者思想箝制所限，但文化演劇內部也出現必須面對的諸多問題，可從「演員的藝術理解不足」、「既無聲色之娛又流於說教」、「只是一種變相的講演會」等報端批評窺知一二[4]。

大規模的思想箝制，加上文協佈滿歧路的結局，並未使新戲劇的發展停下腳步。尤其對那些始終抱持「通過新戲劇達到社會文化之改造」理想的人們，文協演劇的十年經驗激勵他們檢討藝術性不足、反省淪於說教的批評，進一步朝向擴大吸收先進的戲劇知識和增強專業技能的學習邁進。如同新文學在一九三〇年代往後的路徑，新戲劇也在歷經激動的文化協會年代後，正式進入創作與理論俱增的「新劇運動」時期。

本次「百年情書・文協百年特展」展出「臺南文化劇團」的歌譜、演劇傳單。「臺南文化劇團」是民眾黨臺南支部黃金火、韓石泉、盧丙丁等人戮力經營的劇團，以搬演原創劇本而獨樹一格，可惜劇本不存。從「文化劇慰勞高雄淺野水泥罷工」相關的宣傳、節目單，可一窺文化演劇在社會運動中發揮的動能。

同時，特展也展出「臺灣文藝聯盟」的相關文件、畫作。一九二〇年代文化協會播下的種子在一九三〇年代繼續扎根生長，「臺灣文藝聯盟」作為廣納各種意識形態與藝術主張的聯合陣營，發展大眾文藝的藍圖中，戲劇也未曾缺席。其機關雜誌《臺灣文藝》不只介紹西洋戲劇思潮，也提供戲劇創作發表的園地，而此時活躍的一部分文藝家們，如楊逵、楊三郎、吳天賞、呂赫若、張文環等，也都參與了下個階段戰爭期新劇運動的復甦。

特展還展出一九四〇年代代表作家的手稿日記及演出文件，包括楊逵劇本《撲滅天狗熱》、黃得時提出改革布袋戲的文章、呂赫若日記，以及「厚生演劇研究會」的公演節目單與劇照。呈現這幾位或與文協有所淵源的個人和團體，在荊棘重圍的皇民奉公運動下，為受挫的新劇運動另尋出路的樣貌。

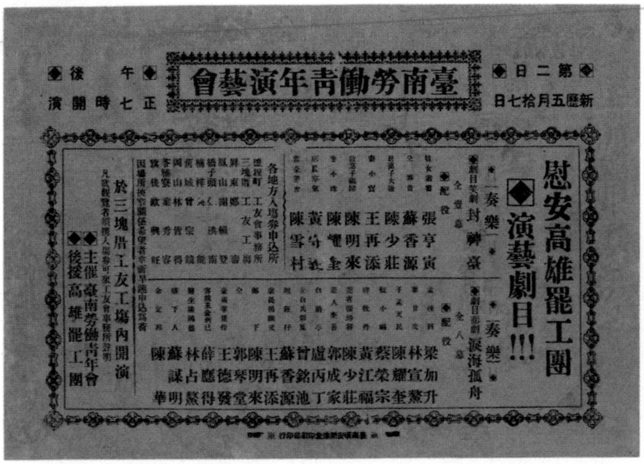

淺野水泥罷工之劇目宣傳單

其中，「厚生演劇研究會」公演，以成熟的藝術表現揭示殖民統治下新劇運動者對臺灣主體性與現實主義文藝精神的追求與堅持，既上承戰前文協演劇，更下開戰後初期的新劇運動，不僅是臺灣戲劇現代化的里程碑，也是戰中「文藝復興」的代表作。

文協十年，是屬於社會運動家的時代，運動的興衰起落，既緣於殖民政府的壓制，也緣於內部政治立場的對立、分裂與內耗。一九二〇年代由知識分子主導、開展出的文協演劇，是一個急於與傳統切割，卻在創作與理論上尚未能提供足夠支撐的新劇運動發動階段。但是，劇人們急欲以戲劇表述自我、改革社會文化的懇切熱情，卻為臺灣現代戲劇編作了一幕盛大且誠意十足的開場，也為日後戲劇現代化的持續向前，供應源源不絕的熱能。

註

1 蔣渭水，〈文化協會創立經過報告〉，收於蔣朝根編校；蔣智揚翻譯《蔣渭水先生全集》，蔣渭水文化基金會、國史館，2014 年 4 月，頁 371-379。

2 〈臺灣文化協會會報〉，《臺灣民報》，1924 年 3 月 11 日，第 15 版。

3 胡適，《終身大事（上）》，《臺灣民報》，1923 年 4 月 15 日，第 21-23 版。

4 此處列舉的報端評論詳見少郘，〈臺灣演劇的管見（一）〉，《臺灣新民報》，1930 年 9 月 6 日，第 11 版；新竹 C 生，〈文化劇的勃興〉，《臺灣民報》，1927 年 3 月 13 日，第 11-12 版；一記者，〈歌仔劇的流弊〉，《臺灣民報》，1927 年 7 月 10 日，第 14 版。

◎參考文獻

1 《臺灣民報》，東方文化，1973 年復刻版。

2 《臺灣新民報》，東方文化，1973 年復刻版。

3 黃信彰，《工運 歌聲 反殖民——盧丙丁與林氏好的年代》，臺北市文化局，2010 年。

4 蔣朝根，《飛揚的年代：「文化協會在臺南」特展專刊》，臺北市文化局、臺灣新文化運動館籌備處，2008 年。

5 石婉舜，〈搬演「臺灣」：日治時期臺灣的劇場、現代化與主體型構〉，國立臺北藝術大學戲劇學系博士論文，2010 年。

6 解佳蓉，〈一九二・三〇年代臺灣知識份子新劇與中國戲劇的關係探討〉，國立臺灣大學戲劇學系碩士論文，2016 年。

7 張晏菖，〈反思社會運動者自我：「編輯者賴和」與《臺灣民報》的戲劇〉，國立清華大學臺灣文學研究所學碩士論文，2020 年。

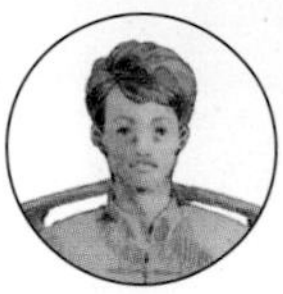

文物故事

說書人：楊　逵

（文物故事皆由參考文獻進行改寫）

雨後土壤，繁花綻開，這樣一大片的花園裡，充滿各式的香味。想起剛開始種植時，連買農具、種子的錢都沒有，後來一鋤頭、一鋤頭慢慢開闢，種植也漸入佳境，也比較有時間創作。最近一段期間我比較喜歡的作品有〈泥娃娃〉、〈鵝媽媽出嫁〉、〈撲滅天狗熱〉等，而其中〈撲滅天狗熱〉是劇本的創作。

戲劇是一種綜合藝術，在文化運動上，戲劇的重要性已經是普遍共識。我在東京那時，曾參加佐佐木孝丸主持的「前衛演劇研究會」，也跟著剛從德國回來的千田是也，學習基本的演劇訓練。雖然只演過一些不起眼路人角色、做後臺方面的工作，但對於戲劇我有一個想法：戲劇應該把包括文盲在內的觀眾都當成鑑賞家，因此在討論「大眾化」的問題時，戲劇是最好的試金石。

一九三六年《臺灣新文學》曾經舉辦「特別原稿　劇本募集」的活動，我們思考的就是在本島的新劇運動中，未嘗看出一篇值得注目的劇本，而為提高新劇運動，我們應該要盡力去找好的劇本，所以希望透過這個募集活動，號召全島作家特別用功、努力創作劇本。對於劇本寫作的語言，我認為日文或漢文都可以，但是在排演時則口白應該全部改為臺灣話。

楊逵〈デング退治〉（撲滅天狗熱）手稿

原以日文書寫，此稿為第一幕之初稿。天狗熱（Dengue）今譯為登革熱。

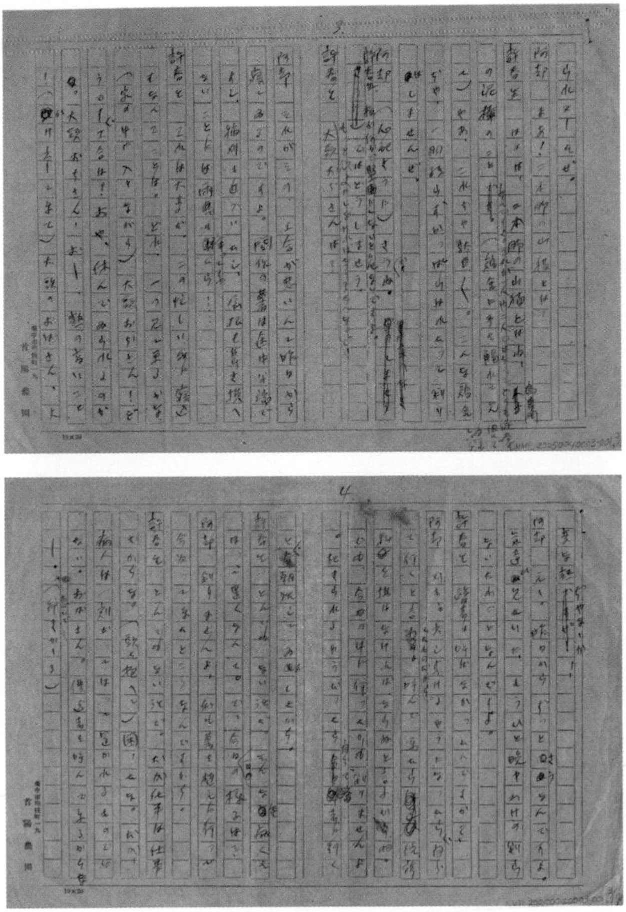

國立臺灣文學館典藏，登錄號：NMTL20050040003-001，楊建 捐贈

後來一九四三年發表在《臺灣公論》上的〈撲滅天狗熱〉，也是我創作新劇本的嘗試。〈撲滅天狗熱〉是二幕劇，內容是林大頭一家為了兒子的聘金，向李天狗借了二百圓的高利貸，農作收成期間林大頭罹患「天狗熱」，禍不單行的是女兒們也陸續病倒。為李天狗工作的林傳旺，看見林家的情況，對於自己必須不斷向堂兄弟林大頭催債懊惱不已，也主動投入幫忙打掃家園的行列。最後在醫師陳少聰的帶領下，村民同心撲滅了蚊子，完成了割稻收穫，也逼退了放高利貸的李天狗。

那當時在一九四三年，臺北王井泉的山水亭那群人，也剛好成立厚生演劇研究會，並且在九月三、五日在臺北永樂座上演《閹雞（前篇）》。那場演出能看到家屋格局、道具、布幕等細節布置，重現張文環小說中的寫實色彩，節目單列出原作張文環、角色演出林摶秋、裝置吳學文、作曲指揮呂泉生。其中呂泉生採集〈丟丟銅仔〉、〈六月田水〉，唱出來時突然停電，臺下民眾還是繼續合唱完，這真正是激勵人心！

其實，不管是文化協會的文化劇，抑是後來的新劇運動，文化運動所面臨的最切身的問題，就是如何「大眾化」的問題。比如說當時批評歌仔戲太過低俗、傷風敗俗，但其實歌仔戲在民間盛行程度，只從曲盤、歌仔冊就能看出。像古倫美亞的〈陳

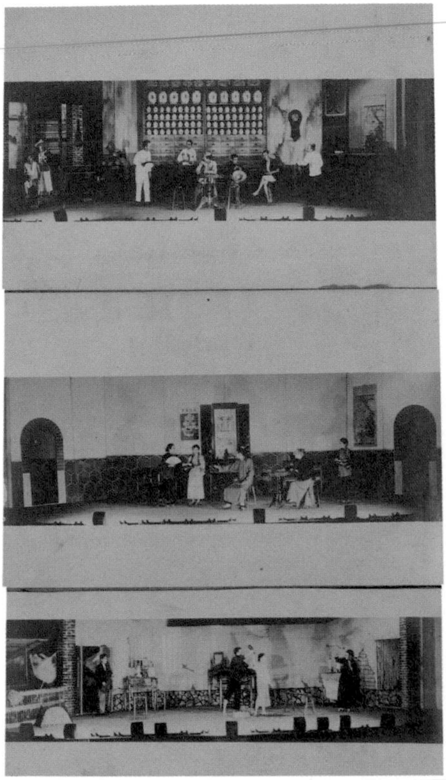

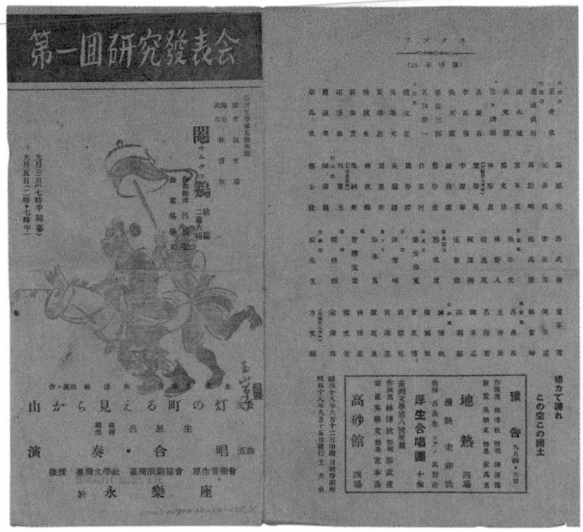

國立臺灣文學館典藏，
登錄號：NMTL20090430224-001
NMTL20090430224-002，
林金泙家屬 捐贈

●《閹雞》（前篇二幕六場）節目單、《閹雞》舞臺劇劇照

一九四三年九月三日與九月五日，《閹雞》前篇於臺北永樂座上演。節目單陳列演出負責人、顧問、演員名單等，可見到一九四〇年代活躍於文藝圈的幾位重要人物：王井泉、呂赫若、吳天賞、畫家李石樵、楊三郎等。

三寫詩〉，是陳三五娘系列作品其中一首，由清香（純純）、碧雲演出，與其他歌仔戲相比，以古倫美亞管弦樂配樂，將西洋伴奏融入歌仔戲，也是這張曲盤的特色。在歌仔冊方面，除了有三伯英臺的故事外，也會使用臺灣民間故事來當作題材，像是〈運河奇案新歌〉。最近，黃得時提出發揚布袋戲的七大優點，他所試演的布袋戲也獲得好評，我非常期待這種布袋戲能早日推廣到民眾之中。

真正鑑賞藝術的是大眾，只有少數人理解的不是藝術！真正的藝術是擄獲大眾的感情、撼動他們心魂的作品。

運河奇案新歌（上）

一九三五年一月由瑞成書局發行的運河奇案新歌，取材自臺南安平運河殉情的事件。歌仔冊一開頭說明這個奇案相當轟動，引起全島議論紛紛，老一輩和青年輩，對於此自由戀愛的不同看法，並鋪陳兩位主角吳送與金環的背景。

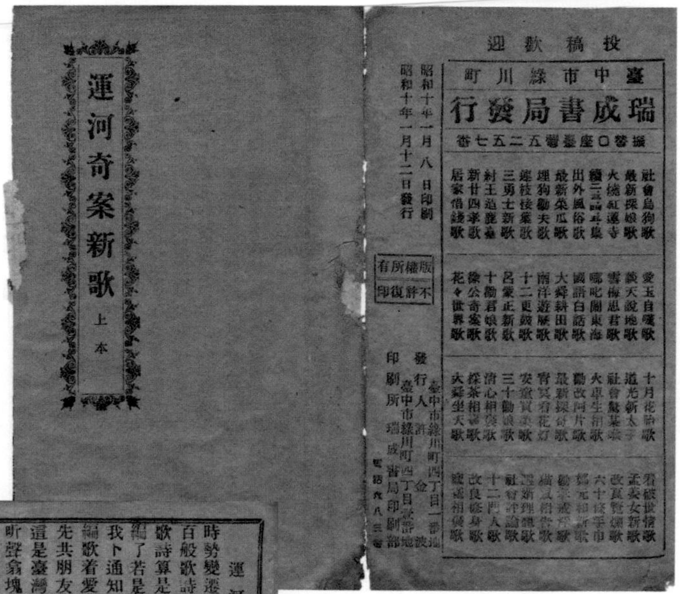

運河奇案歌上本　瑞成書局發行

時勢變遷眞文明　奇怪事件漸發生　舊色物件無合用　百般生理都競爭
百般歌詩人都印　編歌奉念養精神　一人思想一方面　可比新聞日日新
歌詩算是編袂了　實在有影無校屑　在人心肝的奇竅　字句奉念能明瞭
編了若是好字句　比評讀書袂恰輸　念歌識字多人有　算是白話个言詞
我卜通知衆朋友　袂瞞社會人目周　編歌在人个研究　愛應時勢个潮流
編歌着愛想新款　古事無用提來翻　這是我个所志願　智識研究正能高
先共朋友間無錯　這歌我有別人無　卜乎社會做參考　臺南奇案个運河
這是臺灣新案件　改良戲做上時行　若有看戲着知影　機器曲盤也有名
昕聲翁塊曲盤內　看影着愛去戲棧　這是自由个戀愛　鐟動社會人全知

運河奇案歌一　上本　一　瑞成書局發行

這歌現代極流行　尖端年間正發生　男女思想有相應　相招去遊水昌宮
講起查埔个下項　算來也是普通人　衆人稱呼伊吳送　伊个智識眞光窓
查某生成眞好款　伊名人皆叫金環　趁食不是伊志願　不時伊都塊哭冤
双人交際情意好　怨恨社會暗梭々　社會無人通改造　甘愿相招跳運河
鐟動全島人議論　這條理由格袂春　老輩青年二部分　喜時各有刊新聞
講是社會無平等　這是青年人批評　受着黑暗个環境　只款問題卽發生
講是少年不立志　這是老輩批評伊　江山無想要建致　甘愿死下水流屍
七情戀愛第一重　目的袂達不做人　禮教束縛不開放　甘愿情死省苦工
老輩講着守仁義　忠孝禮義着知機　着守節烈共廉恥　氣運着愛等天時
青年講是無理解　時勢變遷也不知　自由平等个戀愛　這是歐州文明來

國立臺灣文學館典藏，登錄號：NMTL20100020530，
林金泙家屬 捐贈

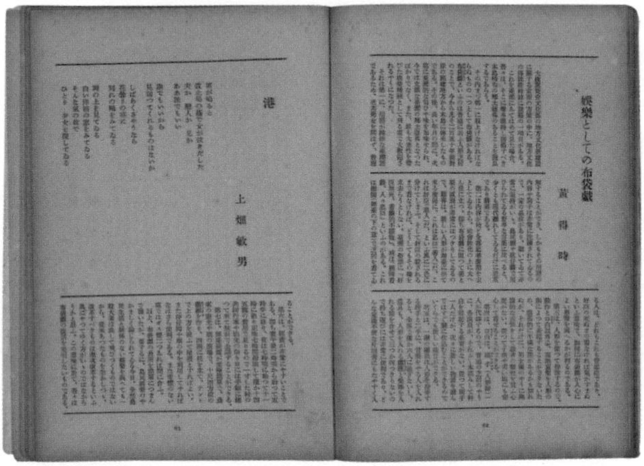

國立臺灣文學館典藏，登錄號：NMTL2005030799，
龍瑛宗 捐贈

●黃得時〈娯樂としての布袋戲〉，《文藝臺灣》3卷1號

黃得時提出發揚布袋戲七大優點。一、以臺灣話演出大多數人皆可理解；二、內容大多為忠孝節義可教化人心；三、以人偶演出男女間的互動，可讓大人安心帶小孩觀賞；四、一人演出包辦動作與臺詞；五、人偶易於攜帶；六、不需花費大量經費；七、舞臺佈置簡易。

◎參考文本

楊逵，〈藝術是大眾的〉，《楊逵全集 第九卷・詩文卷（上）》，國立文化資產保存研究中心籌備處，頁 135-140。

楊逵，〈摒棄高級的藝術觀〉，《楊逵全集 第九卷・詩文卷（上）》，頁 174-177。

楊逵，〈新劇運動與舊劇之改革——「錦上花」觀後感〉，《楊逵全集 第九卷・詩文卷（上）》，頁 376-381。

楊逵，〈臺灣文學運動的現況〉，《楊逵全集 第九卷・詩文卷（上）》，頁 394-399。

楊逵，〈民眾的娛樂〉，《楊逵全集 第十卷・詩文卷（下）》，頁 10-12。

楊逵，〈光復前後〉，《寶刀集——光復前台灣作家作品集》，聯合報社，1981 年 10 月，頁 3~14。

〈日本殖民統治下的孩子（楊逵自述）〉，楊逵文教協會。https://soyang.tw/~yk1906/index.php/about-yk/13-yk-self

〈楊逵憶述不凡的歲月——陪內村剛介先生訪談楊逵於日本東京〉，《戴國煇全集・臺灣史對話錄》，遠流出版公司，2002 年。

柯榮三，〈新聞・小說・歌仔冊——「台南運河奇案」原始事件及據其改編的通俗文學作品新論〉，《台灣文學研究學報》第 14 期，2012 年 4 月，頁 79-103。

文協動知識

歌仔冊是什麼？

Q 歌仔冊是什麼？

A 清代開始，閩南、臺灣間流行一種說唱藝術——「唸歌」，歌仔冊為「唸歌」的文本。唸歌為大眾的生活娛樂，題材包羅萬象，有勸人為善的「勸世歌」，改編時事的《最新運河奇案》、《基隆七號房慘案》，梁祝故事的《三伯英台歌集》等。內容以七字一句（七字仔）、長短句（雜唸仔）最多，以臺語、客語唸唱，因兩者本就有音調，唸起來極富音樂性，歌仔冊亦可視為反映民間的史料。

參考文本
「台灣民間說唱文學歌仔冊資料庫」
https://db.nmtl.gov.tw/site4/s5/index

Revisiting a Shared Heritage：
How TCA Has Shaped a Century of
Taiwan Literature & Culture

第四章 CHAPTER 04

回望

起身一起回望光源的影——一〇〇年後回返文協人的足跡

回望一九二〇年代臺灣文化協會掀起的文化運動，有志青年穿梭常民娛樂、廟埕街頭、旗亭酒樓追求他的大眾，也透過公會堂、講演會、開書局、辦雜誌、組劇團，追求另一種大眾。

歷史看似遠卻近，百年前臺南文化劇團在武廟佛祖廳排練《戀愛之勝利》，百年後佛祖廳旁的月老是祈求愛情的朝聖之地。課本上寫的臺灣民報社臺灣支局——臺北市太平町三丁目二十八番地，百年後是延平北路義美門市，買支冰淇淋是稀鬆平常的事。然而時空還是可以摺疊，走入武廟、義美門市，與當年這些青年彷若可以路過擦肩，看得見與看不見的圖層裡面，文協精神一直在綿延，現在的我們，大眾的一分子，得以循跡尋踏文協腳步，疊合過去與現在的情書。

一些老掉牙的話：臺灣文化協會對今日臺灣的意義

陳佳琦

一九二一年成立的「臺灣文化協會」為何重要？何以百年後我們還要來紀念它？通常標準答案是：「文協」代表了日治時期知識分子對殖民政權的抵抗與反省，也是臺灣人首度對臺灣主體意識的覺醒與尋求。

此一回答固然正解，只是放在今時今日，好像也成為了一句教科書上的臺詞了。

解嚴之後的臺灣已逾三十四年，對比過去我們所擁有的、世界最長紀錄戒嚴史之三十八年，好像也已快扯平了似的。然而，歷史的失去與彌補，真的能夠以等量的時間一比一相秤量嗎？

會這麼說是因為，相信在這時代，大抵還有不少人會感到，這已經都是過去的事了，不必再提；亦或是有種，難道這些年談得還不夠嗎？成日追討、重彈日本統治時代的老調，好嗎？

後退一步深吸口氣想想，經歷多重殖民的島嶼，早已造就一群活在不同時空的人們。但這可能也是它的特色之一。

老掉牙的劇本會是，臺灣在戰後長期威權體制與思想箝制下，不要說光是一段臺灣文化協會的故事了，而是整段長達五十年殖民統治的文化與歷史，都是強烈地被壓抑與噤聲的。以致到現今，有這麼多的出版與書寫將視野放在這五十年，試圖挖掘更多沒有被說出來的故事；甚至再更往前回溯：清領、荷據、南島海洋文明，企圖尋求島嶼的歷史與再定位。這也是不斷印證著那句「不知過去，就無法知道現在」的老話。

因此，一百年前創立的臺灣文化協會，以及戰前知識分子豐厚的人文基底、文化養分與世界觀等精神價值，不僅在戰後無法延續與傳承，還曾經長期消失於世人眼前，甚至有好長一段時間，「文協」二字只能被聯想到戰後受黨國體制培植的「中國文藝協會」。

而在與黨國文藝體制並存的平行時空裡，不是沒有過潛行伏流之本土文化力量在作用著，只是必須小心掩護、在合作與妥協中避開政治紅線，亦或於無數頓挫中復又重來。戰後臺灣，在一九四五—四九年間曾有過的一段活潑之「新生臺灣」時期[1]，有過大陸赴臺文人與在地作家的合作，希冀為建設新時代而努力。漫長的白色恐怖期間，仍有鍾肇政的《文友通訊》（一九五七）

與吳濁流的《台灣文藝》（一九六四），試圖在反共文學的主流下發聲。而後七〇年代的鄉土文學論戰，八〇年代趨於明確的本土觀點，可能都是過去長時間被遺忘的「文協精神」之浮出。

解嚴後的臺灣，迎來一個「臺灣研究」終於能夠正大光明被討論、興起的階段。在一九九〇年代，臺灣主體意識與臺灣認同曾有一波波的熱潮與論辯，再更後來的二〇〇〇年，政權輪替、臺灣文學體制化與中學課綱修訂，臺灣主體意識成為一個不斷搬上檯面被探問的問題。如今當我們談論日治文學、文化協會，也毋需自我審查了。

這段無法一比一相抵的時間裡面，也許會進入了一段瘋狂補課的時代，除了被噤聲一代的疾呼與民間的自覺，亦有由上往下的政治變動，例如語言、教育政策的修正，文化政策的推動方向。這些展現了對失去過往的彌補之熱切，以及遲來的醒覺，有時不免會以過度用力、政治正確或稍嫌矯情的方式呈現。在日曆又撕掉二十本的今日，島上可能有接近半數人口是成長於解嚴之後了。對他們而言，這只是歷史課本的事。而另外的一半人，除了以前的歷史課不能說之外，可能也分裂於：沒聽過、遺忘、厭惡，或是活在這段歷史永遠說得還不夠的毋甘願與悲憤之中。

現在的現在，有時好像會讓人產生一種錯覺：像是文協故事這類過去長時間消失於島嶼上的文化與歷史已經補課完成了，還要再談嗎？或是，老生常談了吧。都是一堆仇恨的東西。另一種國族論述吧。至今應該還是會有很多這類的想法，在空氣中迴盪。

然而，真的是這樣嗎？我們的現在已經完成了這些功課了嗎？每當思及這些問題，腦海中便冒出作家賴香吟小說中的一段話，「殖民。虐殺。戒嚴。迫害。萬年國會。就在不久之前，這些辭彙從未出現我的腦中，呵，我的世界多麼純潔，多麼無知，如今，他們如密語般，如潮水般，對我湧來，喚動著我，考驗著我，我的世界破了一個大洞，是的，就是這樣的感受，天地忽然破了一個大洞，祕密與醜陋如泥漿般滾洩出來。」[2] 這是小說〈虛構一九八七〉中，描述女主角謝彩文身處野百合學運的時代躁動下，內心察覺的不安，小說以這段話形容這些擊向女主角的過載資訊。

想來，三十八年的嚴密教化與言論審查，掩蓋掉的，其實是戰前到戰後的近百年歷史。除了過去的黨國刻意抽取出來的抗日英雄史觀之外，「臺灣文化協會」還有太多太多早被遺忘的事蹟，它們也曾如泥漿洪流一般，在民主化的後威權年代大量湧出。

不能說的故事盒子一旦揭開，琳琅滿目的、原來以前做過那麼多的事情啊，也會滾滾襲來。全島串連、爭取自治權、演劇讀報、教育講座、活動寫真、左右分裂、階級鬥爭、臺共、女性意識、新舊文學論爭、白話文運動、學習募資、爭取資本贊助……，仔細想想，很多現在的有識者想到的、做過的，可能也沒有太新鮮了。我們真的都補完功課了嗎？

可回望歷史，切忌貴古賤今。如今的我們，可能也同樣身處在各種時代困惑之中，我們真的適應了後威權時代了嗎？真的學會了民主與自由的真諦了嗎？這個作為我們的「共同體」的邊界何在，而此以「我們臺灣」為名的想像，又何其異質，這些年來，島上的各種社會議題與國族問題，仍不斷拉扯於不同世代、族群與進步保守派別之間。

世代如何溝通，如何對話，如何攜手？這些共同體的想像與未來，如果沒有戰後的長期斷裂，也許我們不需要花這麼久的時間再來重新接枝。而許多看似政治性的未完成，深入地影響著我們現今生活的各個層面，關於自由與文明的思索，關於共同體與民主意識的落實，恐怕到現在，我們都還得持續與過去的威權餘緒和戒嚴幽靈搏鬥。

「文協」的故事其實告訴我們的是：一代代青年面對時代變化與追尋公理正義的徬徨與困惑。雖然，文協往往與「啟蒙」、「進步」價值相連，但其實，先知永遠少數，大部分人都是有限而後覺。時代變化可能來得很快，而人們卻未必能夠做好迎向它的準備。啟蒙進步的背後，是一群知識分子的摸索與嘗試，即便它不斷失敗。

如果文協的故事對今日的我們還有意義，我想我們需要更辯證地看看這些不同的立場與思索。還有，他們如何學習民主，如何學習自由[3]，如何探問自己是誰。百年前這群不馴服的知識分子，他們啟蒙、頓悟、覺知，復又挫敗，這不是跟今日的我們很相似嗎？然而，我們迄今仍欠缺對他們精神史層面的更多細緻描繪，如果抽出幾個來當成小說人物，應該會很有趣也很立體吧？

歷史很少或很難去說的，是那些內面的精神史，迎向時代變化、義無反顧投身社會運動所帶來的傷害，後來的覺知與頓悟及其不斷延遲的作用力，這一點，往往也只能有賴文學來敘說了。這一次的展示想像裡，呈現了一種小說人物式的溫柔，轉化說理為近身的邀請，這其實告訴著我們，徬徨與困惑其實一直都在。一百年前，他們一直在問「我們是誰」、「我們需要怎樣的未來」，而今，我們找到答案了嗎？

◎註解

1 陳翠蓮，〈「新生台灣」的頓挫〉，《台灣人的抵抗與認同》，遠流出版公司，二〇〇八年，頁二八一—三三二。

2 原題〈虛構與紀實〉收錄於賴香吟小說集《島》，聯合文學，二〇〇〇年，頁七三。後更名為〈虛構一九八七〉，收錄於《翻譯者》，印刻，二〇一七年。

3 如何學習民主和自由，這句話的靈感來自《春山文藝》裡賴香吟受訪時說的一段話：「我們學習如何民主，學習如何自由，因為解嚴的意思絕不等於七月一號我們就知道民主是什麼、自由是什麼，這件事我們恐怕到今天還在學習。」再同意不過。見賴香吟、莊瑞琳，〈Long Interview：一個半徑很大的零〉，《春山文藝》二，二〇二〇年九月，頁一四九。

In the Footsteps of TCA

行走
文協

In the Footsteps of TCA

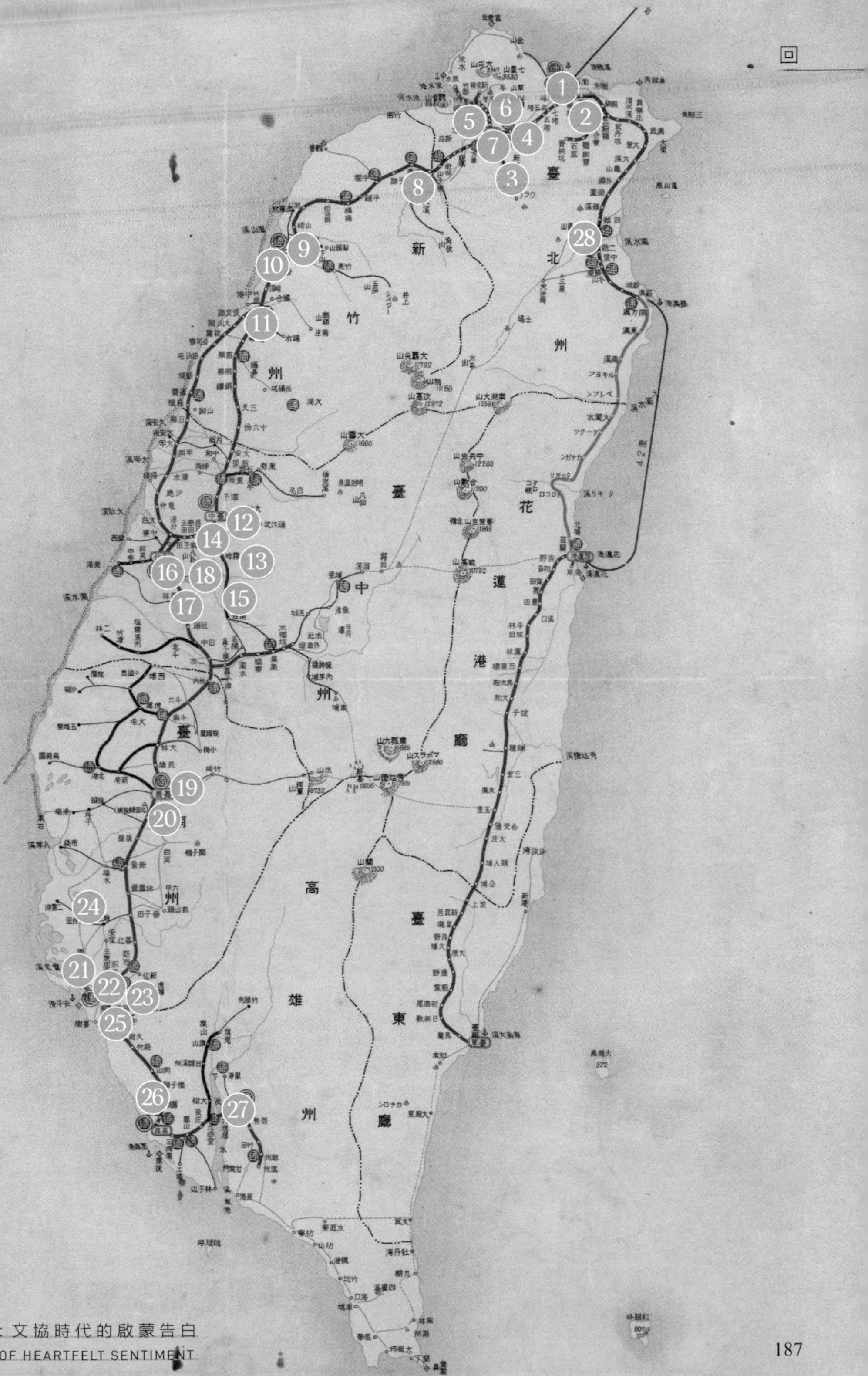

國立臺灣歷史博物館 提供

①港邊惜別，當年搭著XX丸渡海去

基隆港

日治時期臺灣出入境門戶，也是環島觀光郵輪停靠站之一。往返臺灣、日本重要的船班——蓬萊丸，一九二四年六月十六日首度從基隆啟航，載著充滿熱情的議會請願運動成員「上京」去。

●所在縣市……………
基隆

●舊地址……………
基隆港　基隆市忠一路

國立臺灣歷史博物館　提供

② 基隆廟口前講演會記

聖公廟｜現今奠濟宮

緊鄰基隆廟口前的聖公廟，是百年前兵家必爭的講演會場之一，曾發生留日學生返臺辦理講演會，講國語（日語）可借用，文化協會講島語（臺語）則被刁難的差別待遇。

● 所在縣市……
基隆

● 舊地址……
基隆玉里街
基隆市仁愛區仁三路二七之二號

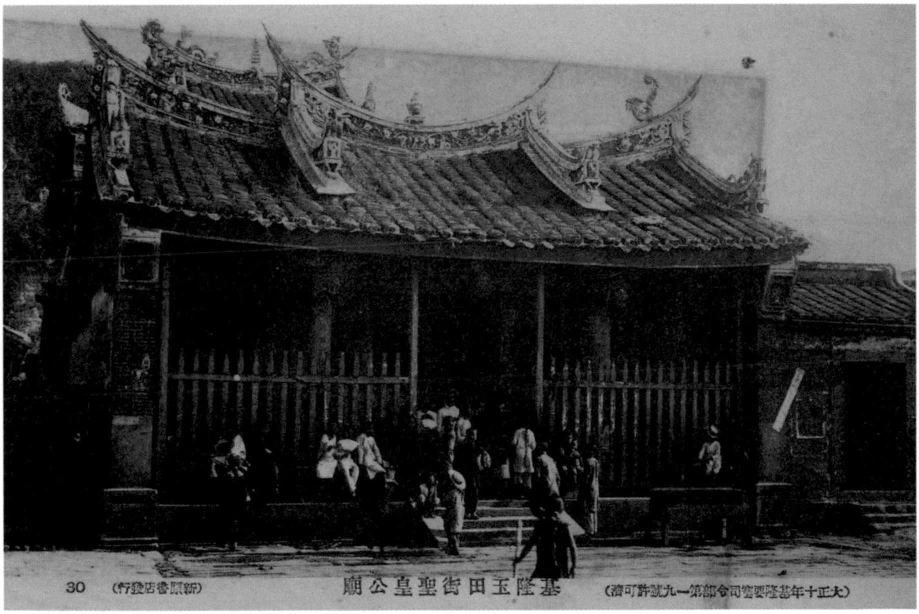

國家圖書館 提供

③ 吃飯喝酒，幹大事

蓬萊閣

昔日大稻埕四大酒樓之一，文化運動志士們常於此辦理洗塵會、歡迎會、發會式等活動。一九二八年臺灣工友總聯盟發會式，門口高掛布條：「同胞需團結，團結真有力。」

● 所在縣市
臺北

● 舊地址
臺北市日新町一丁目一六八番地
臺北市大同區南京西路一六一號

國立臺灣文學館 典藏

④ 在港町講座打卡沒？

港町文化講座

文化協會於一九二三年十二月起，每週六晚上七點至九點在港町文化講座辦理通俗講演會。第一場通俗講座由臺灣第一位律師蔡式穀講演刑法，會場擠滿百人，無立錐之地。

● 所在縣市

臺北

● 舊地址

臺北市港町二丁目十五番地

臺北市貴德街四九號

文化銀行 提供

⑤大稻埕上，見證歷史的劇場

永樂座

一九二三年永樂座新築開工，為大稻埕的文化地標，時下流行戲曲、新劇、電影必到永樂座搬演。一九三三年張維賢創辦「民烽劇團」於永樂座首次公演。一九三一年蔣渭水逝世，其大眾葬亦於永樂座舉行告別式。

●所在縣市……

臺北

●舊地址……

臺北市永樂町二丁目九四番地

臺北市迪化街一段四六巷

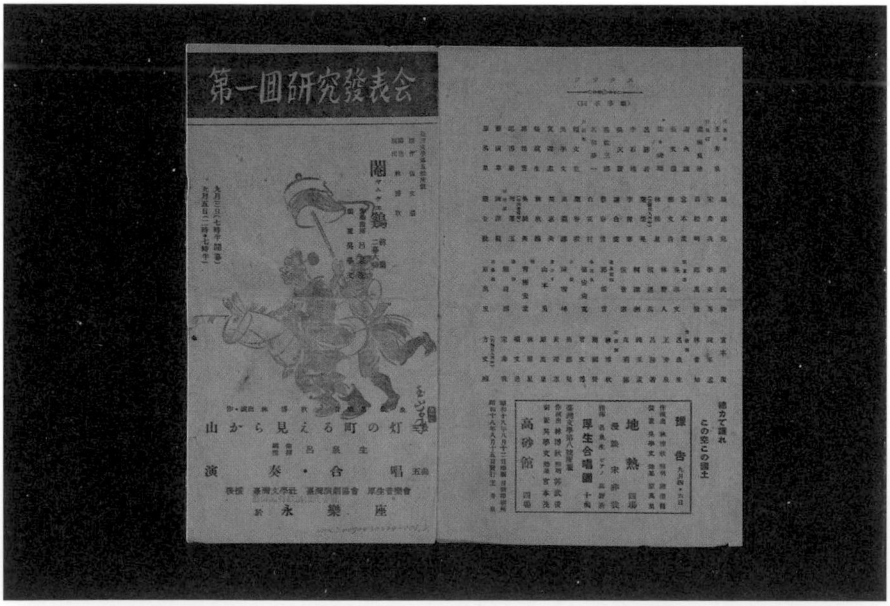

第一回研究發表会

山から見える町の灯

演奏・合唱

於 永樂座

厚生合唱團

地熱

高砂館

1943 年 9 月 2 日晚上，厚生演劇會的新劇《閹雞》在大稻埕的永樂座上演，圖為節目宣傳單，國立臺灣文學館 典藏

⑥秋高氣爽運動日，為文化運動站臺

靜修高等女學校

天主教在臺灣創立的第一所學校，一九二一年十月十七日商借了該校禮堂作為臺灣文化協會創立大會會場。除了場地寬敞外，距離文協最初的辦事處大安醫院，現在徒步也只要十二分鐘。

●所在縣市……臺北

●舊地址……臺北大稻埕靜修女學校

臺北市大同區寧夏路五九號

國立臺灣歷史博物館 提供

⑦民主聖地吃冰看報紙

臺灣民報臺北支局

臺灣人唯一之言論機關——《臺灣民報》，一九二三年四月發行於東京，發刊後立即搭船返臺配送，臺北支局是重要轉運站。直到一九二七年七月臺灣總督府才准予遷回臺灣發行。這個地址也是蔣渭水的大安醫院院址。

●所在縣市……臺北

●舊地址……**臺北市太平町三丁目二八番地**

臺北市大同區延平北路二段二九號

蔣渭水文化基金會 提供

⑧ 輸人不輸陣，民間文學隊

大溪革新會

一九三一年大溪有志青年成立革新會，一九三四年方才二十歲的李献璋已是組織的要角，創刊《革新》雜誌，可說是為了他下一本《臺灣民間文學集》帶來知識結構及人脈的鋪陳。

●所在縣市……
桃園

●舊地址……
大溪街
桃園市大溪區和平路

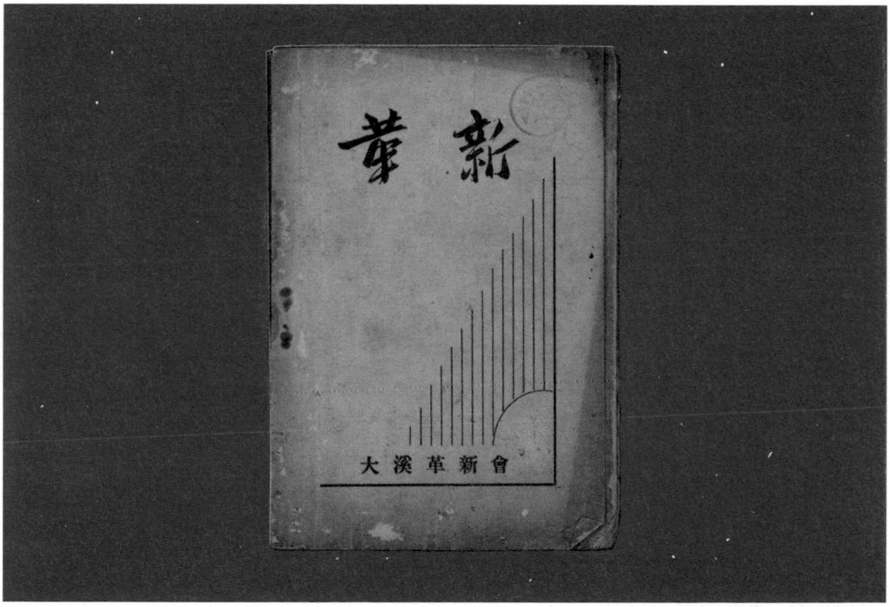

國立臺灣文學館 典藏

⑨小旗飄揚，歡迎請願委員之實況

新竹驛

一九二六年議會請願運動啟程前，各地辦理請願代表上京送別會，一月二十日於新竹送別會前，文協吳廷輝印刷三千餘枝小旗寫著「打破專制主義」、「倡自由」、「求平等」發放於街內各戶，引起巡查、特務押收。

●所在縣市……
新竹

●舊地址……
新竹市
新竹市東區榮光里中華路二段四四五號

翻攝自　《臺灣民報》90 號

⑩ 搬演文化劇，足心適

新光社—新竹座

一九二六年十一月新竹林冬桂等在地青年成立新光社。十一月二十三日在新竹座演出文化戲《良心》。除了熱衷於劇場表演外，也裝扮結隊遊行應援新竹文化講演會宣傳。

● 所在縣市……新竹

● 舊地址……新竹市南門町二丁目

新竹市武昌街

國立臺灣歷史博物館 提供

⑪ 跟上腳步，竹南支部發會式成立

中港媽祖宮

一九二八年十月十四日臺灣民眾黨在中港媽祖宮舉行竹南支部發黨式，當日有志者特別於廟前搭建一座綠門，掛起發會式匾額。當晚開設祝賀會，夜間廟前特地點上電燈。

● 所在縣市

苗栗

● 舊地址

竹南庄中港

苗栗縣竹南鎮中美里民生路七號

國立臺灣文學館　典藏

⑫新文化，臺中有一間沙龍

中央書局

臺灣首次集資開設的臺灣第一間複合式書店。一九二五年十二月由莊垂勝設立中央俱樂部，規劃素食堂、圖書室、講堂娛樂室及中外文具房。一九二七年初販賣部（中央書局）正式開設。

● 所在縣市
臺中

● 舊地址
臺中市寶町三丁目十五番地
臺中市中區市府路一〇三號

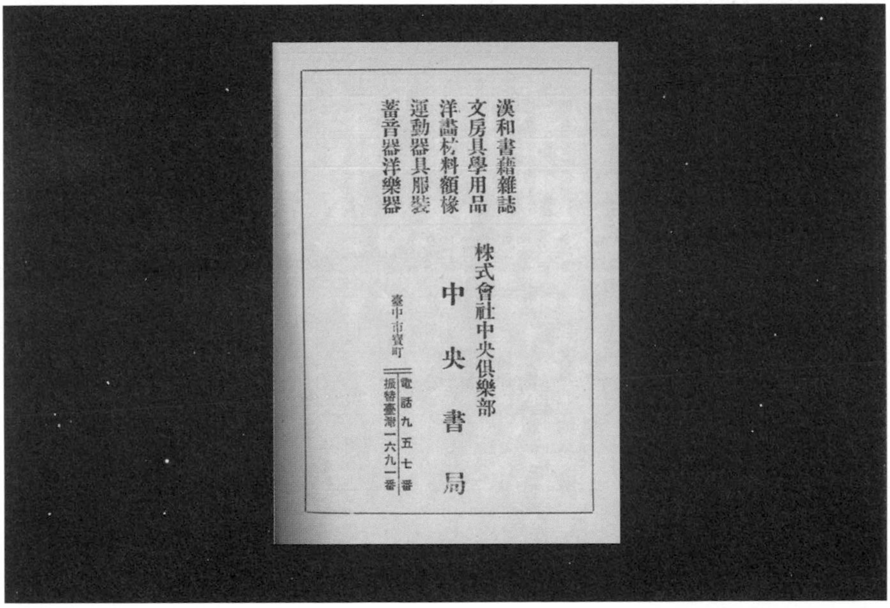
漢和書籍雜誌
文房具學用品
洋畫材料額椽
運動器具服裝
蓄音器洋樂器
株式會社中央俱樂部
中央書局
臺中市寶町
電話九五七番
振替臺灣一六九一番

引自《南音》雜誌

⑬ 總理的基地，文化運動的資源庫

霧峰林家

林獻堂為臺灣文化協會初期總理，霧峰林家也是文協初期主要活動地，夏季學校、理事會議，後期一新會等，為林獻堂、林攀龍長久參與本土政治運動的據點。

●所在縣市……臺中

●舊地址……臺中州霧峰

臺中市霧峰區萊園路九一號

國立臺灣歷史博物館 提供

⑭ 藝術之花在世界心臟上開放吧！

臺灣文藝聯盟
臺中小西湖酒家

一九三四年五月六日，於臺中小西湖酒家內聚集全島南北各地八二名文藝愛好者，成立「臺灣文藝聯盟」，召開第一回臺灣全島文藝大會。會場貼著「實現文藝大眾化」、「為文學奮鬥到底」等標語，開拓臺灣文化與文藝的前途。

● 所在縣市
臺中

● 舊地址
臺中市初音町四丁目十一番地
臺中市興中街興中停車場

李獻璋家屬　提供

⑮「大塊元煌」坐鎮，炎峯青年向上

草屯炎峯青年會館

日治時期官廳在各地組織「青年會」，不願做為御用成員的地方青年，紛紛另行籌組。草屯在地頭人洪元煌，與李春哮等人成立「炎峯青年會」，辦講座、文化演劇、學外語，為當時最精實的青年會之一。

●所在縣市……南投

●舊地址……南投郡草屯庄

南投縣草屯鎮青年巷一號

賀正

南投郡草屯庄

炎峰青年會

翻攝自《臺灣民報》第 41 號

⑯進步時代，婦女共勵

天公壇

一九二五年三月臺灣第一個女權團體——彰化婦女共勵會成立，八月在彰化天公壇辦理婦女講演會。當天登壇講演有吳佩紐、李梨、潘蘊真，奠定女性參與文化運動的重要紀錄。

●所在縣市……………………

彰化

●舊地址……………………

彰化街

彰化市民生路二〇七號

黃小蛋　拍攝

⑰ 惡化市民邀集各路大雄辯

彰化座

一九二六年彰化留學生主辦「全國雄辯大會」，集結各地五十多名青年於彰化大開講演會，會後欲罷不能，隔日於彰化座加開政談演說會。此舉不愧是被日本政府稱為「思想惡化之地」的市民會做的事啊。

●所在縣市……彰化

●舊地址……彰化南郭

彰化市公園路一段五〇號

翻攝自《賴和影像集》

⑱ 勇士當為義鬥爭

賴和醫院

「啊！時代的進步和人們的幸福原來是兩件事。」和仔仙如此矛盾與苦惱，於是每一年年底，燒掉貧窮人所積欠的醫藥費單，在困難的處境中給予一絲光明。

● 所在縣市……彰化

● 舊地址……彰市市市子尾一六〇

彰化市中正路一段二二六號

賴和文教基金會　提供

⑲公民力量的集聚地

嘉義公會堂

一九二五年暑假，以嘉義醫師為主力的文協嘉義支部，連結青年、留學生辦理講演會。八月一日嘉義學生講演會，畫家陳澄波以「高齡」三十歲留學生身分講演「藝術與社會」，隔日亦擔任講演會介紹人。

●所在縣市…… 嘉義

●舊地址…… 嘉義市榮町二丁目三六番地

嘉義市中正公園

賴和文教基金會 提供

⑳ 文聯嘉義支部「參上」

臺灣文藝聯盟嘉義支部總會

一九三四年八月，臺灣文藝聯盟嘉義支部成立於嘉義林文樹宅，林家於嘉義政經界具有影響力，亦常援助藝文界。支部宣言提到：「站在聯盟外，關心文藝的人很多。」

● 所在縣市……嘉義

● 舊地址……嘉義市南門町七丁目十八番地

嘉義市西區民族路四五二號

國立臺灣文學館 典藏

㉑ 南北港町，南火北水

臺灣文化協會臺南本部

一九二三年臺灣文化協會本部遷至臺南，漸漸也有南火北水一說，蔡培火與蔣渭水都是在民族主義的立基點上尋求臺灣的出路，卻也漸漸拉出資本與勞動階級的路線。

● 所在縣市……臺南

● 舊地址……臺南市港町一丁目十三、十五番地

臺南市和平街與國華街三段交叉口

國立臺灣文學館 典藏

㉒堅心做文化，耶穌觀音都見證

祀典武廟

讀報、演戲好場所，免費門票保平安。所有與「新」相關的，都在武廟發生：新劇、新文學、新文字。求神問卜之際，也要來增長見聞。廟堂學習白話字，效果更加倍。

● 所在縣市……臺南

● 舊地址……臺南市本町三丁目

臺南市中西區永福路二段二二九號

國立臺灣文學館 典藏

㉓ 臺灣甘地開的「五不」書店

興文齋書局
現今 興文齋幼稚園

在地青年林占鰲開立書店「興文齋」，意即振興漢文化以對抗日本的殖民教育，其「五不」守則：

一、不穿日本和服
二、不講日本話
三、不讀日本書
四、不改用日式名字
五、不經售日文書刊

●**所在縣市**……臺南

●**舊地址**……臺南市本町四丁目
臺南市民權路二段一五二號

林宗正 提供

㉔北門七子的土地浪漫

臺灣文藝聯盟佳里支部
佳里公會堂

一九三〇年代於臺南州北門郡的鹽分地帶作家：吳新榮、徐清吉、郭水潭、王登山、林芳年、莊培初、林清文，被稱為北門七子，「以強韌、強調人和的陽光形象破除以往文人愁苦、病弱的既定形象，並且以寫實的地方性精神見長」。

所在縣市
臺南

舊地址
臺南州北門郡佳里街
臺南市佳里區中山路四五八號

國立臺灣文學館　典藏

㉕臺南鐵三角，醫生醫病也醫心

韓內科

文協有多數成員以醫師為業，行醫者在診療的過程中感受到貧窮、落後、不公平。作為臺灣第一位臺籍醫官補——韓石泉醫師所創立韓內科，與蔡培火、王受祿聯盟成為臺南鐵三角，為文化運動奔走。

●所在縣市……………
臺南

●舊地址……………
臺南市本町四丁目一九五番地
臺南市中西區民權路二段二九七號

二戰期間臺南受美軍空襲，醫院遭炸毀。韓石泉家屬　提供

㉖「食飯隊」招募中

淺野水泥工廠

一九二八年四月十四日，高雄淺野水泥工人因不滿廠方任意解聘，發起罷工，歷經近一個月，為日治時期最長的工運。過程中，罷工出奇招組織「食飯隊」，輪流到復工者家吃飯，讓復工者重新投入罷工，以免食飯隊來吃飯。此外文協成員韓石泉等人也投注資源支持。

● 所在縣市……

高雄

● 舊地址……

高雄市田町三丁目

高雄市鼓山三路旁，近臺泥公司紅磚倉庫

1928 年淺野水泥會社員工罷工期間，文化劇團慰勞合照。莊明正　提供

㉗ 挑起論戰第一人

黃石輝

在電話稀少的一九三〇年代，一位言論犀利，居住屏東，名為「黃石輝」的青年，在報紙投稿一篇文章後，燒起整個文壇，臺灣文青們激烈辯論到底要用什麼語文創作。

●所在縣市……屏東

●舊地址……屏東街

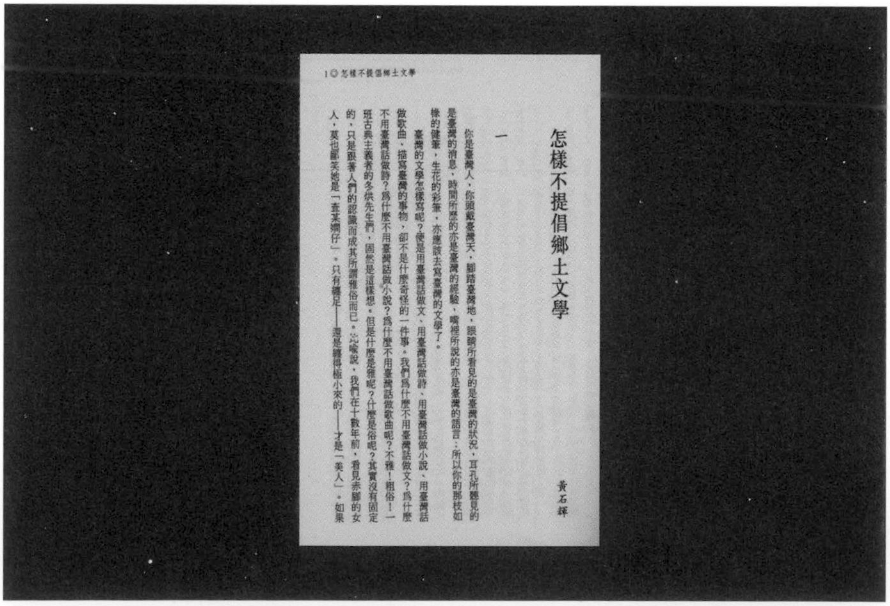

1◎怎樣不提倡鄉土文學

怎樣不提倡鄉土文學

黃石輝

一

你是臺灣人，你頭戴臺灣天，腳踏臺灣地，眼睛所看見的是臺灣的狀況，耳孔所聽見的是臺灣的消息，時間所歷的亦是臺灣的經驗，嘴裡所說的亦是臺灣的語言；所以你的那枝如椽的健筆，生花的彩筆，亦應該去寫臺灣的文學了。

臺灣的文學怎樣寫呢？便是用臺灣話做文、用臺灣話做詩、用臺灣話做小說、用臺灣話做歌曲，描寫臺灣的事物，卻不是什麼奇怪的一件事。我們爲什麼不用臺灣話做文？爲什麼不用臺灣話做詩？爲什麼不用臺灣話做小說？爲什麼不用臺灣話做歌曲呢？不雅！粗俗！一班古典主義者的冬烘先生們，固然是這樣想。但是什麼是雅呢？什麼是俗呢？其實沒有固定的，只是跟著人們的認識而成其所謂雅俗而已。比喻說，我們在十數年前，看見赤腳的女人，莫也鄙笑她是「査某嫺仔」，只有纏足——還是纏得極小來的——才是「美人」。如果

翻攝自《1930年代台灣鄉土文學論戰資料彙編》

㉘史料控來解謎，宜蘭劇場在哪裡？

宜蘭劇場

文化協會常利用廟宇、劇場、公會堂等空間舉行講演會。一九二七年報導矢內原忠雄來臺，於「宜蘭劇場」講演。然宜蘭劇場於一九三三年才由黃天賜等人組織株式會社興建落成，一九二七年坐落於巽門的宜蘭劇場究竟是哪裡呢？

●所在縣市

宜蘭

●舊地址

宜蘭街巽門

宜蘭市崇聖街和康樂街交叉口

1933 年宜蘭座舊照，國立臺灣大學圖書館 提供

你我相遇之初——《午後的懸崖》

訪談——李家驊、鄭有傑
整理——黃小蛋

在規劃「百年情書・文協百年特展」時，本想著運用過去計畫執行的紀錄訪談，串聯起一九二〇年代至一九七〇年代的臺灣文學史，在展場放映。但這樣想法隨即被開了一記哆啦A夢的「人生重來槍」，導演提醒著，我們要對誰說？於是思考如何用影像轉化臺灣文學史，用畫面說故事，從構想、腳本、拍攝、後製花費近一年時間，才推出這部由李家驊導演、鄭有傑主演的《午後的懸崖》。

沒有文學，哪有土地

初與李家驊導演見面之時，導演總是說「我先隨便亂說、亂想」，面對文學史這麼嚴肅又硬的議題，導演試圖突破框架，認為想要做出改變的話，要做一些好玩的，也是臺文館從前沒有嘗試過的拍攝。「那時候想說，那我們來做一個更挑釁一點、更吸引人，簡單來說我可能覺得更sexy的東西。」自謙不熟臺灣文學，在幾次討論後，導演翻轉葉石濤在一九七〇年代的「沒有土地，哪有文學」，提出「沒有文學，哪有土地」的構想，他說：「其實這就是我們的根，如果我們一直說我們要知道我們是誰，要知道臺灣人是什麼，要保持主體性不被侵略的話，最快的方法就是從文學入手。」

在文協百年之際，導演希望以此作為起點，吸引對臺灣文學不是那麼有興趣的觀眾進入，「我想到的第一個連結就是電影」。影片開頭只見一個背影，搭配著旁白娓娓敘說著：「那一日，鍾先生安排我們約在午後的懸崖，你說，站在這邊等，你就會出現，沒想到這一站，又是數十年……」這時畫面才從動畫轉為實景，演員鄭有傑飾演的「我」現身。

電影是線性閱讀的過程，影像畫面透過設計，在短時間內抓住觀眾的視線。初始導演即以演出式的形式來思考腳本，消化臺灣文化協會、臺灣文學史等史料過程，發現從一九二〇年代的文協人開始，臺灣的知識分子在行動、書寫上用各種隱喻、曖昧不明的話語追尋著臺灣主體性，「這件事情在各個時代都一直被干擾，日本政府不希望建立臺灣主體性，國民政府也是」。從日治、戰後到戒嚴時期，知識分子內心很嚮往臺灣主體性，不能明說之外，也距離各個年代的臺灣人好遙遠，導演說這樣的追尋關係有點像戀愛，「如果要轉譯，那就是一場苦戀，所以我想把這個追求的心情寫出來，所以寫了這一封信」。至於片名，則挪用龍瑛宗作品〈午前的懸崖〉，將這場苦戀比喻如同站在懸崖上的心意，往前往後都有牽掛的懸念。

情書作為邀請的起點

情書成為《午後的懸崖》的故事軸線，揣摩透過一位「我」寫給「你」的一封信，回想一九二〇年代「你我」相遇之初，跨越戰後至一九七〇年代，時局便讓「我」注定展開不斷追尋「你」的命運。腳本定稿後，誰來詮釋這封情書？「其實我們一開始是亂想很多人，在亂想的過程，突然跳出鄭有傑的時候，我就覺得好像沒有第二人選了。」身為鄭有傑粉絲，李家驊認為鄭有傑的作品中不時提醒觀眾關心土地、臺灣，也關懷人權議題，「更棒的是，有傑導演有很棒的表演」，力邀這次的合作，更是期待能號召更多人進來認識臺灣文學，「喜歡鄭有傑導演作品的觀眾，我覺得是關心臺灣文學的潛力觀眾」。

「在文協百年這樣的一個時間點，做這樣的事情是非常有意義的。」收到信件的邀約，鄭有傑二話不說便答應了《午後的懸崖》的拍攝。身為電視、電影導演外，他也是演員、編劇、翻譯，透過各種媒體形式投入文化影視產業，他認為未來不可能建立在一個空白的過去上面，如果沒有了解自己的過去，怎麼可能去看未來；相對地要去了解自己是誰、自己的歷史，最好的方式是透過文化，尤其是透過文學。他認為文學藏著創作者非常幽微的意念，也紀錄下時代的細節，包括人的細節、生活的細節等等，都可以在文學裡窺見到。有傑說起大一之際，在臺大尚未改建的圖書館內，讀到邱永漢日文小說《濁水溪》，「我後來為什麼會走向創作的這一條路，我覺得《濁水溪》算是影響非常大的一個臺灣文學」。在小說中遇到與自己相似的情感，他當時內心所疑惑的事物，也在小說中發現其來有自。也因此參與這次拍攝，他認為：「如果能夠幫助多一點點人想了解臺灣的文化，或想對臺灣文學有多一點涉略，那怕只是看了這個影片裡面提到葉石濤，就因為這樣去找葉石濤是誰，我覺得這都是一件滿好的事情。」

●意念化為情感的傳遞

「比較具挑戰性的是語言，怎麼樣把情感承載在語言上。」《午後的懸崖》呼應臺灣文學運動發展史的歷程，導演在情書字句、影像畫面安排了彩蛋，隱藏著文學人物、文學史事件與文本，旁白夾雜臺語與華語，也暗示著時局變化等，希望能誘引觀眾的注意，進一步關心臺灣文學。在錄音過程中，有傑花了些功夫跟著臺語文指導老師莊明正調整旁白語句，用什麼字句、何時用臺語、何時用華語，旁白不是漂亮的發音，而是將情書轉換成自然的口吻傳達給觀眾，也傳遞出核心精神，如同一九三〇年代的臺灣話文論戰，思考著要用什麼文字書寫，大眾才能閱讀、理解，又可達到言文一致的目的。

不只是在語言上傳遞出情感的考驗，在一次的表演裡要經歷各個年代，對有傑來說是難得的經驗，也是另一個挑戰。「臺灣就是有這麼多元的文化同時並存。例如在書寫上會碰到一些困難，即便如此，我們仍很努力想要創作，設法把意念留給下一代，在臺灣文學裡就會看到不只是藝術形式，而是對於存在本身有非常強烈的追求與探討。」每一場獨角戲中，他讀取導演的創作意念、感受臺灣文學各式各樣創作背後的力量，「試著放到自己的心裡面，去講這些臺詞、演這些一個人的戲」。在拍攝完畢後，也讓有傑反思著：「現在臺灣的創作者，其實是最幸福的時候，因為我們現在真的沒有像過去有那麼多的壓迫。但過去的那些壓迫反而激發出了創作者的一種很強烈的生命力，一個必須求生存，很本能的一種生命力。」

百年之後，從一開始

近幾年，臺灣文學作品改編為影視作品蔚為風潮，導演說從文字閱讀轉換成影像，由於載體不同，能做到的事情也很不一樣，《午後的懸崖》借用臺灣文學素材，將文學運動史轉譯成一場苦戀，倒比較像是致敬。談起文學改編成影視作品，導演最感興趣的是白色恐怖的故事，「我覺得我們現在可能有一點點會忘記，有些人會忘記我們曾經是受過那樣子的壓制，所以我覺得白色恐怖對我來講是一個沒有那麼遠的東西。」他舉例《返校》是這幾年白恐故事最成功的改編，對照著有傑分享的電影《不完美的正義》，「那麼我們有沒有機會像《不完美的正義》那樣，把一個很硬的議題，變成一個具有娛樂性、商業價值的故事」。文學轉換影像作品除了載體的差異外，鄭有傑以《絕望者之歌》（Hillbilly Elegy）進一步談小說與電影之間，「小說好看在於真實的力量，情理之內、意料之外的感受，當轉編、改編成虛構的劇情電影，本來會覺得情理之內，意料之外的事件，在劇情電影裡會變成什麼，這就會考驗觀看電影的習慣，要不要去挑戰觀眾」。如同導演前面所提及，電影更多時候要幫觀眾做很多安排。

在文協百年的當下，導演直白分享，先前對於臺灣文化協會的認識很少，所有的認識都是新收穫，更是重要的嘗試；有傑認為，面對當下疫情造成每個人的身心靈影響，此時此刻的臺灣最需要的就是文化，「文協當時他們想的是更遙遠的臺灣後代，我們現在就是他們看的未來；現在是相對自由的時候，我們現在要看的應該是一百年以後的臺灣，然後用更長遠的角度去思考」。

《午後的懸崖》作為臺文館的新嘗試，用影像讓觀眾認識一九二〇年代文協開展出的臺灣文學運動，在百年之間如何被建構、被消失與再次重現。透過家驊導演與有傑導演的聯手合作，以行動向大眾邀請，一同踏入這場文學運動史的光譜中，回望過去也面向未來，也呼應著展覽副標：百年之後，從一開始。

《午後的懸崖》導演、演員簡介

李家驊，獨立影像創作者，世新大學傳播管理系助理教授，從事紀錄片創作多年。二〇〇三年以個人生命經驗為題的《二五歲，國小二年級》榮獲山形紀錄片影展亞洲單元特別賞、臺北電影節最佳紀錄片獎。二〇一一年作品《起點》描述了殺人犯與被害者母親之間取得和解的故事，導演由此對司法題材展現濃厚興趣，在兩年後又推出了紀錄短片《我無罪，我是鄭性澤》，對當時仍在受刑的死囚鄭性澤表示聲援；二〇二〇年《我的兒子是死刑犯》延續對司法議題的關注。另有《夢想續航》、《看不見太陽的那幾天》、《景福門日記》等作品。其影像語言平易近人，多部作品皆充分展現出他的人道主義關懷與深刻自省。

鄭有傑，影視創作者、電影與電視導演、編劇、演員與製作人。大學時期開始拍攝十六釐米短片《私顏》、《石碇的夏天》，《石碇的夏天》獲金馬獎最佳短片、獲邀國際影展，就此開啟電影之路。退伍後開始編導電影長片《一年之初》、《陽陽》，獲國內外影展肯定，二〇二〇年執編第四部電影長片《親愛的房客》；編導電視劇《他們在畢業的前一天爆炸（一、二季）》、《野蓮香》；執導多位知名歌手的ＭＶ；製作與共同編導電影《太陽的孩子》、製作原民台電視電影《巴克力藍的夏天》。亦有參與幕前演出，如《波麗士大人》、《鏡子森林》及多部電影短片等。另有翻譯電影原著小說《橫山家之味》（是枝裕和原著）。

未停歇的文化運動——一九四五終戰之後的文學精神

The cultural movement continues. Literary Spirit in Postwar Taiwan

為了尋找一個理想的「國度」，知識分子從文協人到文化人，在每一個時代中挺身而出。而不間斷的文學史書寫，正是由文協起步。文協精神，不只面向過去，更向未來開展。戰後一九七〇年代末的鄉土文學論戰，一九八〇年代臺灣文學正名，一九九〇年代多音交響，二〇二〇年代的文學跨域改編，不斷在追求心儀的大眾，努力突破每一個阻隔，這都是文協精神的明證。

在這裡，我們標記了一九二〇—二〇二〇年代的文化運動，記憶也書寫，一直是進行式的文化運動。

文化協會年表

1914
十二月，由林獻堂、板垣退助號召，成立同化會。

1921
十月十七日，臺灣文化協會成立，
十一月發行機關報《臺灣文化協會會報》創刊號。

1922
鷗〈可怕的沉默〉（中文）
與追風（謝春木）〈她要往何處去〉（日文），
皆被視為臺灣新文學第一篇創作。

1923
十月十七日，臺灣文化協會本部移設至臺南。

1924
張我軍分別在四月、十一月發表〈致臺灣青年的一封信〉、
〈糟糕的臺灣文學界〉於《臺灣民報》，
首先對臺灣舊文壇提出批判，點燃新舊文學論戰。

七月三日，由林獻堂指揮，
在臺北、臺中、臺南三市同時召開「全島無力者大會」，
駁斥由辜顯榮等人士籌組的「公益會」有力者大會。

1925

八月十日，林獻堂招集四十名篤學青年於霧峰林家開設夏季學校。

八月，賴和發表散文〈無題〉、新詩〈覺悟下的犧牲（寄二林事件的戰友）〉於《臺灣民報》。

九月，蔡培火發行《Cháp-hāng Koán-kiàn》（十項管見），書中提出當時臺灣人最需要的「十項社會教育」。

1926

十月，陳澄波以《嘉義の町はづれ》（嘉義街外）入選第七回帝展。

1927

八月，臺灣總督府允准《臺灣民報》遷回臺灣發行。

黃金火於共和醫院，成立臺南文化劇團。

1929

七月，由臺南的青年組織「赤崁勞働青年會」發起「反對中元普度」運動，一九三〇年九月發行《反普特刊》。

1930

三月二十九日，《臺灣民報》增資改組，另成立臺灣新民報社，一九三二年四月十五日《臺灣新民報》改為日刊發行。

八月，黃石輝發表〈怎樣不提倡鄉土文學〉於《伍人報》，引發一九三〇年初期「臺灣話文論爭」。

1931
張維賢自東京返臺，於臺北成立「民烽演劇研究所」。

1932
四月，賴和、陳虛谷、林攀龍、謝星樓等人負責《臺灣新民報》日刊學藝部門。

五月，楊逵〈送報伕〉（原題〈新聞配達夫〉）連載於《臺灣新民報》。

1933
由李臨秋作詞，鄧雨賢作曲的〈望春風〉問世，純純演唱。

1934
四月十日，徐玉春、鄭盤銘、林快青、林文樹等人成立臺灣文藝聯盟嘉義支部。

李獻璋編《革新》由大溪革新會發行。

1935
六月，吳新榮、郭水潭、王登山、莊培初、林芳年等人成立臺灣文藝聯盟佳里支部。

1936
十二月，《臺灣新文學》一卷十號發表「漢文創作特輯」，被以內容不妥為由禁止發行。

1938
就讀臺北市龍山公學校三年級學生黃鳳姿發表〈圓仔〉於《臺灣風土記》，後續出版《七娘媽生》、《七爺八爺》兩書，博得「臺灣文學少女」之稱。

1940
一月，葉石濤第一篇小說〈媽祖祭〉投稿於張文環主編《臺灣文學》入選為佳作。

1941
四月九日，皇民奉公會成立。

1942
龍瑛宗被選為「第一屆大東亞文學者大會」臺灣代表，前往東京與會。

1943
四月，臺灣文藝家協會改組為皇民奉公會下屬組織「臺灣文學奉公會」，以協力戰事，宣揚皇國文化為目的。一九四四年五月，發行機關誌《臺灣文藝》，一九四五年一月五日停刊。

1946
吳濁流《胡志明》（亞細亞的孤兒）以單行本出版。

龍瑛宗擔任《中華日報》日文版「文藝欄」主編。

1947

二二八事件。

八月，《臺灣新生報》「橋副刊」創刊。

1949

五月，楊逵因起草〈和平宣言〉被捕，後受軍法審判。

六月，林獻堂任臺灣省文獻委員會主任委員。

1951

一月，《旁觀》雜誌創刊。

二月，《中國文藝》創刊。

九月，葉石濤被保密局逮捕入獄，
一九五三年七月以「知匪不報」罪名判刑五年。
林海音擔任《聯合報》副刊主編。
鍾肇政發表第一篇文章〈婚後〉於《自由談》，展開寫作生涯。

1953

一月，《文藝列車》創刊。

二月，紀弦成立現代詩社，《現代詩》創刊。

1954

四月，中國文藝協會發起「文化清潔運動」，
誓言除「赤色的毒」、「黃色的害」、「黑色的罪」三害。

1965

十月，葉石濤出獄後沉寂一段時間，
發表小說〈青春〉於《文壇》、評論〈台灣的鄉土文學〉，
以中文寫作重返文壇。

鍾肇政主編「本省籍作家作品選集」十冊由文壇社出版；
「台灣青年文學叢書」十冊由幼獅書店出版。

1976

十二月，「淡江事件」後，
李雙澤強調應要用自己的語言貫徹「唱自己的歌」。

1977

四月，《仙人掌雜誌》引發戰後鄉土文學論戰。

1979

三月，李南衡主編「日據下台灣新文學」五冊。

七月，葉石濤、鍾肇政主編「光復前台灣文學全集」八冊。

1987

二月，葉石濤《台灣文學史綱》由春暉出版社出版，
為臺灣第一部文學史著作。

1997

長期推動、聚集臺灣文學運動之能量，
促使真理大學創立臺灣第一間臺灣文學系，
二〇〇〇年國立成功大學設置國內第一所臺灣文學研究所。

2021

十月十七日，臺灣文化協會一百週年。

展場導覽——
走入啟蒙的現場，打開文協的情書

王嘉玲

一九二一年文協成立，當時的知識分子進行各種啟迪民智的文化活動，開啟了臺灣往後一百年來的本土文化發展運動。本展以情書為載體，將文協知識分子化為「你」，大眾為「我」，展開一場知識分子以文化追求大眾的故事。展場中以六位代表性的文協人：賴和（文學）、盧丙丁（白話字）、陳澄波（美術）、林氏好（音樂）、李献璋（民間文學）、楊逵（戲劇）化身為說書人，透過以不同的方式和形式書寫的情書，一張診療單、一張明信片、一張電影宣傳單、一本文學集、一張唱片、一頁歌仔冊，向大眾傳遞情意。展區共分為「百年之後，從一開始」、「在啟蒙的浪頭上我等你」、「我們之間竟如此近」、「起身一起回望光源的影」、「百年情書，文協一〇〇，一的後面，由你接續」等五區，分別說明一九二〇—一九四〇年代知識分子與大眾纏綿的關係。

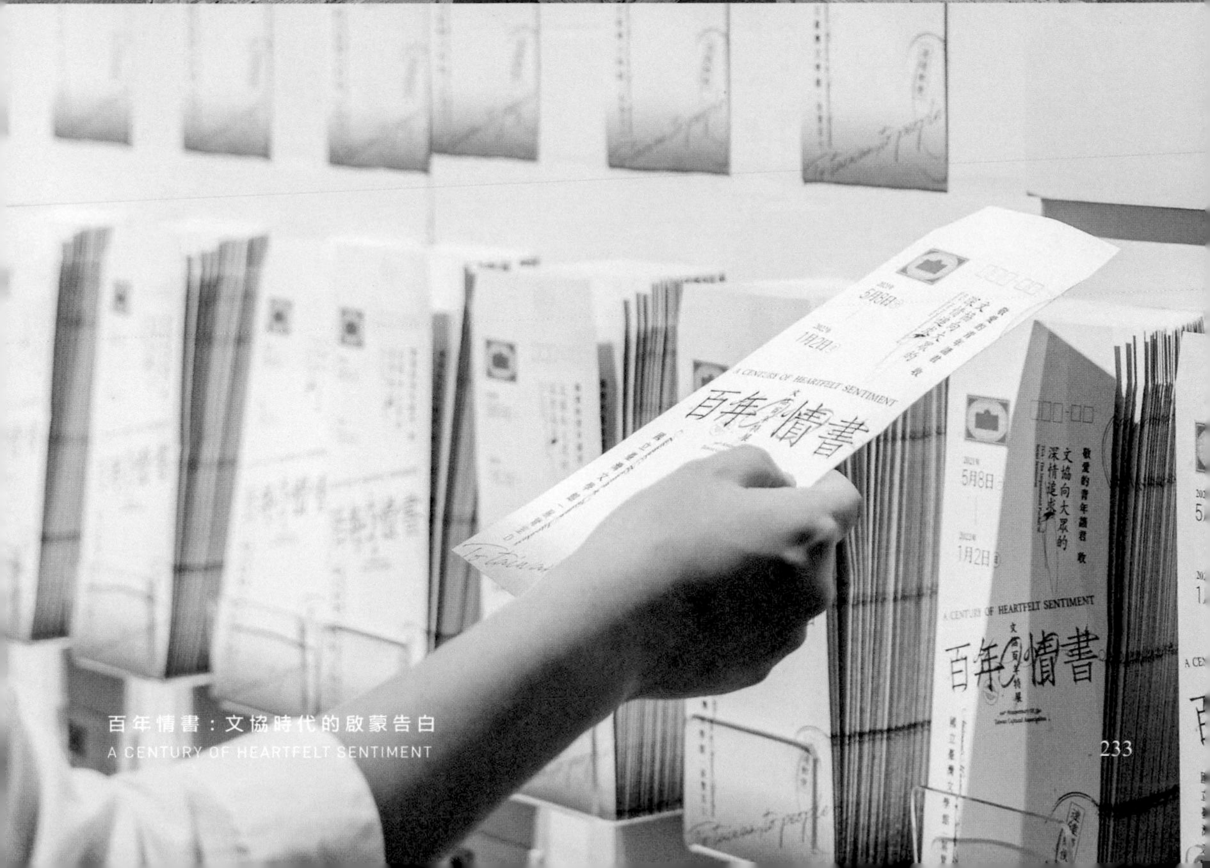
A CENTURY OF HEARTFELT SENTIMENT
百年情書

這樣就能解決臺灣話

本展展覽主視覺，由知名導演兼演員鄭有傑化身當時追隨文協運動的知識青年，作為傳遞情書的角色，同時也是本展核心影片《午後的懸崖》的主演。第一展區「百年之後，從一開始」，展場以大面積多媒體投影所帶來的強烈視覺感，讓觀眾進入到一九二〇年代那段風起雲湧的歲月，右側以五分鐘「文協」動畫影片破題，扼要帶領觀眾走過一九二一—二七年文協分裂前夕，知識青年如何鼓吹大眾追求知識、啟蒙覺醒；左側影像則運用現代科技「深偽技術」，運用ＡＩ人工智慧運算與現代演員的配音，讓六位文協代表人物親臨現場，對現場觀眾告白對話，展場中央的報紙椅隱藏了一九二一年文協成立時報導的小彩蛋，可以發現當時官方報紙《臺灣日日新報》、《臺南新報》以小角落報導文化協會發會式，而對於臺灣議會設置請願運動，則以較大篇幅刊登總督府的聲明，顯示出日本殖民政府對於民間文化運動有著在意卻待觀察的態度。

就能發現真理——雨果《悲慘世界》
世界應該讓民主
好朋友，你把精神提起來罷。我是在為你的利益上盡力的
對不幸的人寄予同情是一種德性

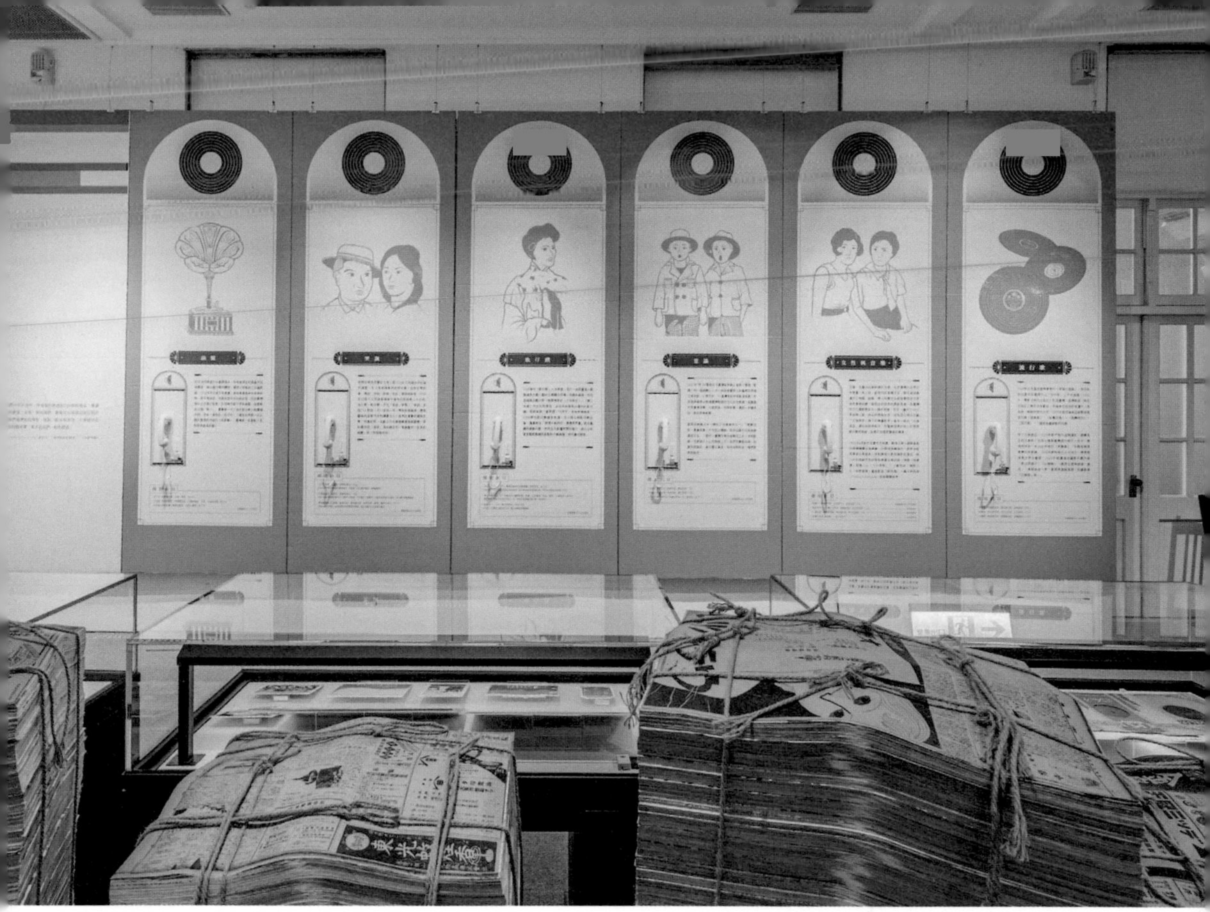

觀眾拿取信封形式的展覽摺頁後，陸續將各區說書人寫給大眾的六封信書放入收藏。走入第二展區「在啟蒙的浪頭上我等你」的風雨走廊，一條條的紙幕象徵著二十世紀初期世界現代思潮，就如潮水般向大眾襲來，紙幕上的世界名著摘句，則取自於一九二○年代《臺灣》雜誌、文協成員賴和與劉青雲的藏書，百年前餵養臺灣青年的文學與知識性讀物至今仍深深影響著我們。走過知識人與民眾的交會過程，臺灣文學就如紙幕隨風的飄動，碰撞出新的聲音如白話字等，文學開始著眼於土地、放眼於民間。

第三展區「我們之間竟如此近」，述說著一九三○年代臺灣文化在美術、音樂、民間文學、戲劇的百花齊放，知識分子直接面對民眾及土地，化成文藝創作。展覽手法以現代科技讓百年前的音樂與美術賦於新的生命，不再只是靜態的欣賞。藉由電腦繪圖臨

1940

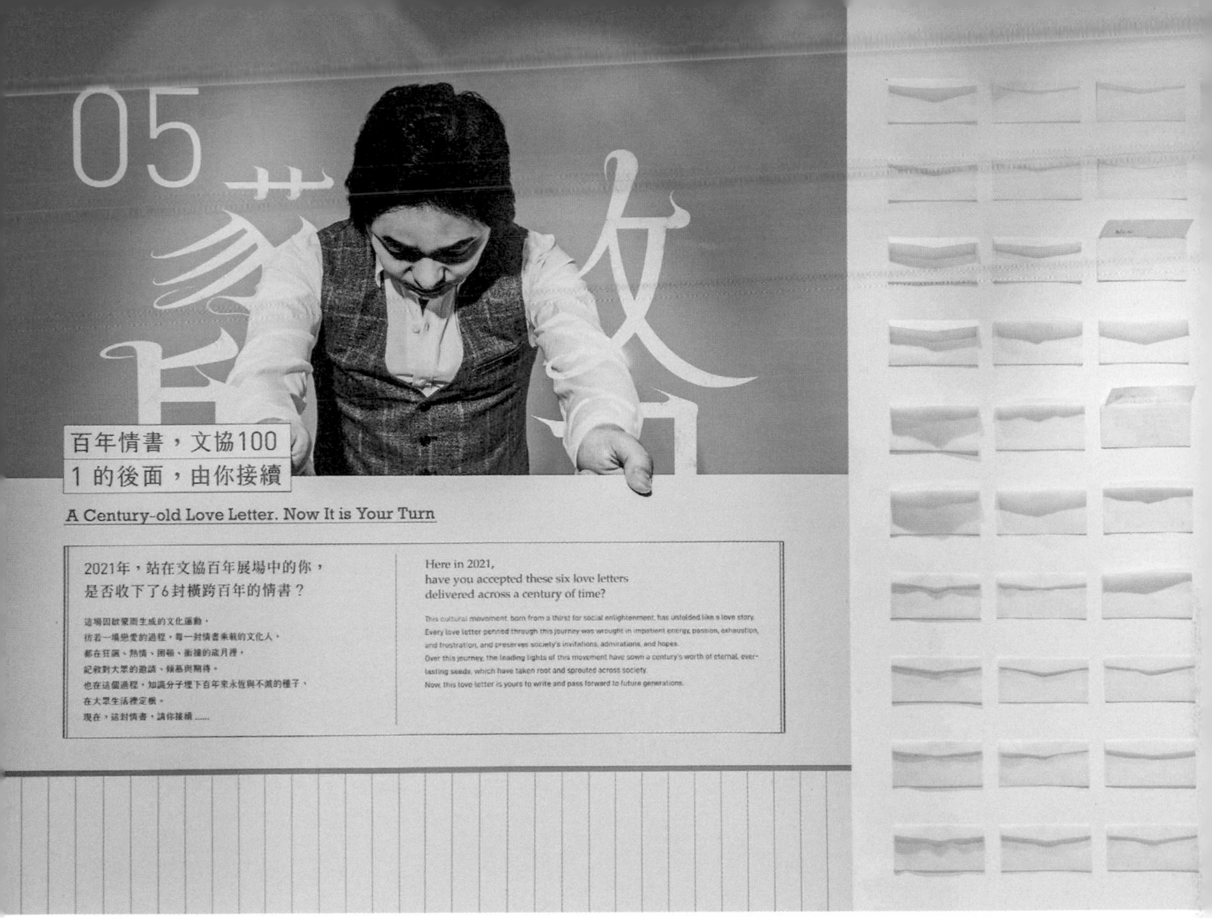
05
百年情書，文協100
1 的後面，由你接續
A Century-old Love Letter. Now It is Your Turn
2021年，站在文協百年展場中的你，
是否收下了6封橫跨百年的情書？
這場因啟蒙而生成的文化運動，
彷若一場戀愛的過程，每一封情書承載的文化人，
都在狂飆、熱情、困頓、衝撞的歲月裡，
記敘對大眾的邀請、傾慕與期待。
也在這個過程，知識分子埋下百年來永恆與不滅的種子，
在大眾生活裡定根。
現在，這封情書，請你接續……
Here in 2021,
have you accepted these six love letters
delivered across a century of time?
This cultural movement, born from a thirst for social enlightenment, has unfolded like a love story.
Every love letter penned through this journey was wrought in impatient energy, passion, exhaustion, and frustration, and preserves society's invitations, admirations, and hopes.
Over this journey, the leading lights of this movement have sown a century's worth of eternal, ever-lasting seeds, which have taken root and sprouted across society.
Now, this love letter is yours to write and pass forward to future generations.

摹洪瑞麟《礦坑群像》系列作品，完成人物動作、場景繪製，將原先靜態畫作轉為動態影像，一九二〇年代曲盤也透過話筒播送百年前笑詠、歌仔戲、流行歌、童謠等云云眾聲，感受音律中的滿滿情意。

穿越歌仔冊書頁串成的戲棚下，進入第四展區「起身一起回望光源的影」，以文協地景互動檢索地圖的今昔對照與運動年表，帶領觀者走過逐漸被人們沈澱遺忘的文協行跡。放映區播放本展策畫核心關鍵——《午後的懸崖》影片，主軸以文學追隨者（我）寫給臺灣文學（你）的一封情書，呈現時局下臺灣文學的生成與艱苦存在的過程。最後展區設置留言牆，觀眾在此可以向未來寫一封情書，給臺灣，給臺灣文學。回望文協百年，因啟蒙而生成的文化運動不是過去的歷史，啟蒙精神仍會在未來延續，期待「一的後面，由你接續」。

24. 秦賢次，《台灣文化精英年表集》（臺北：臺北縣文化局，2002）。
25. 陳柔縉，《人人身上都是一個時代》（臺北：時報文化，2009）。
26. 陳俐甫，《日治時期臺灣政治運動之研究》（臺北：稻鄉出版社，1996）。
27. 陳建忠，《書寫台灣 · 台灣書寫 賴和的文學與思想研究》（高雄：春暉出版社，2004）。
28. 陳翠蓮，《台灣人的抵抗與認同 1920-1950》（臺北：遠流出版公司，2008）。
29. 陳翠蓮，《自治之夢：日治時期到二二八的臺灣民主運動》（臺北：春山出版，2020）。
30. 陳淑容，《「曙光」初現——臺灣新文學的萌芽時期（1920-1930）》（臺南：國立臺灣文學館，2012）。
31. 黃裕元，《流風餘韻：唱片流行歌曲開臺史》（臺南：國立臺灣歷史博物館，2014）。
32. 黃信彰，《從進步走向幸福：臺灣新文化運動在彰化特展專刊》（臺北：臺北市政府文化局，2012）。
33. 黃煌雄，《蔣渭水傳——臺灣的先知先覺》（臺北：前衛出版社，1992）。
34. 楊碧川，《日據時代臺灣人反抗史》（臺北：稻鄉出版社，1996）。
35. 楊逵，《楊逵全集》（臺南：國立文化資產保存研究中心籌備處，1998）。
36. 楊麗祝，《歌謠與生活：日治時期臺灣的歌謠采集及其時代意義》（臺北：稻鄉出版社，2007）。
37. 葉石濤，《台灣文學史綱》（高雄：春暉出版社，1987）。
38. 葉渭渠，《日本文學思想史》（臺北：五南，2003）。
39. 葉榮鐘，《日據下臺灣政治社會運動史》（臺中：晨星出版社，2000）。
40. 趙遐秋，呂正惠主編，《臺灣新文學思潮史綱》（臺北：人間出版社，2002）。
41. 蔡培火、吳三連、葉榮鐘、陳逢源等人，《台灣民族運動史》（臺北：自立晚報，1987）。
42. 蔡明諺主編，《新編賴和全集》（臺南：國立臺灣文學館、臺北：前衛出版社，2021）。
43. 謝里法，《日據時代臺灣美術運動史》（臺北：藝術家，1995）。
44. 蔣朝根編校，《臺灣文化叢書——臺灣文化協會會報 3 號》，（原發行：臺灣文化協會本部）（復刻發行臺北：財團法人蔣渭水文化基金會，2011）。
45. 蔣朝根，《獅子狩與獅子吼：治警事件 90 週紀念專刊》（臺北：臺北市政府文化局，2014）。
46. 蔣朝根，《人間蔣渭水：蔣渭水歷史影像集》（臺北：蔚藍文化，2019）。
47. 顏娟英，《風景心境——臺灣近代美術文獻導讀》上下冊（臺北：雄獅美術，2001）。
48. 臺灣雜誌社，《臺灣》（臺北：東方出版社，1973）。
49. 臺灣總督府警務局編，《臺灣總督府警察沿革誌 第二編 領臺以後的治安狀況（上卷）》（臺南：國立臺灣歷史博物館，2008）。
50. 蕭永盛，《影心 · 直情 · 張才》（臺北：雄獅美術，2001）。

報紙

1. 劉維瑛策畫執行，黃隆正、六然居資料室史料提供，《臺灣民報：現存臺灣民報復刻（第 1–8 冊）》（臺南：國立臺灣歷史博物館，2018）。
2. 陳曉怡總編，《臺灣新民報‧第一至五冊》（臺南：國立臺灣歷史博物館、國立臺灣文學館；臺北：六然居資料室，2015）。

史料

《フオルモサ》、《第一線》、《先發部隊》、《赤道報》創刊號影本、《臺灣文藝》、《臺灣日日新報》、《臺灣民報》、《臺灣新文學》、《臺灣新民報》

專書

1. 王詩琅譯註，《臺灣社會運動史——文化運動》（臺北：稻鄉出版社，1995）。
2. 江明珊總編輯，《聽！臺灣在唱歌：聲音的臺灣史特展》（臺南：國立臺灣歷史博物館，2016）。
3. 李昭容，《文化的先行者：嘉義文協青年的運動與實踐》（臺南：國立臺灣文學館，2020）。
4. 李筱峰，《台灣革命僧——林秋梧》（臺北：望春風，2004）。
5. 周婉窈，《日據時代台灣議會設置請願運動》（臺北：自立晚報，1989）。
6. 吳密察編，《文化協會在臺南》（臺南：臺灣歷史博物館，2007）。
7. 若林正丈、吳密察，《台灣重建近代化論文集》（臺北：播種者，2008）。
8. 林柏維，《臺灣文化協會滄桑》（臺北：臺原出版社，1993）。
9. 林柏維，《文化協會的年代》（臺中：臺中市立文化中心，1996）。
10. 林伯維，《狂飆的年代：近代臺灣社會菁英群像》（臺北：秀威資訊，2007）。
11. 林振莖，《探索與發掘：微觀台灣美術史》（臺北：博揚文化，2014）。
12. 林瑞明，《台灣文學與時代精神——賴和研究論集》（臺北：允晨，1999）。
13. 林瑞明編，《賴和影像集》、《賴和手稿集》（財團法人賴和文教基金會、臺灣省文獻委員會）。
14. 林獻堂著，《灌園先生日記（一）～（十）》（臺北：中央研究院，2001）。
15. 若林正丈，《臺灣抗日運動史研究》（臺北：大家出版，2020）。
16. 洪芳怡，《曲盤開出一蕊花：戰前臺灣流行音樂讀本》（臺北：遠流出版公司，2020）。
17. 柳書琴，《荊棘之道：旅日青年的文學活動與文化抗爭》（新北市：聯經出版，2009）。
18. 柳書琴主編，《日治時期台灣現代文學辭典》（新北市：聯經出版，2019）。
19. 張炎憲、李筱峯、莊永明等，《臺灣近代名人誌（第 4 冊）》（臺北：自立晚報文化出版部，1987）。
20. 許雪姬編，《臺灣歷史辭典》（臺北：遠流出版公司，2004）。
21. 張漢裕，《蔡培火全集》（臺北：吳三連臺灣史料基金會，2000）。
22. 連溫卿，《臺灣政治運動史》（臺北：稻鄉出版社，1988）。
23. 陳君愷編著，《狂飆的年代——1920 年代台灣的政治、社會與文化運動》（臺北：國立編譯館，2006）。

學位論文

1. 王美惠，〈1930 年代台灣新文學作家的民間文學與文化實踐——以《台灣民間文學集》為考察中心〉，（臺南：國立成功大學歷史學系碩士論文，2008）。
2. 石婉舜，〈搬演「臺灣」：日治時期臺灣的劇場、現代化與主體形構（1895-1945）〉，（臺北：國立臺北藝術大學博士論文，2010）。
3. 林佩蓉，〈抵抗的年代 · 交戰的思維——蔡培火的文化活動及其思想研究（以日治時期為主）〉，（臺南：國立成功大學台灣文學系碩士論文，2005）。
4. 林國章，〈日據時期臺灣抗日運動與民族主義之研究〉，（臺北：中國文化大學博士論文，2002）。
5. 林淑慧，〈臺灣文化協會分裂前的臺灣新文學運動：1920-1927 以《臺灣民報》為中心〉（南投：暨南大學碩士論文，2004）。

期刊

1. 不著撰人，〈北部新文學 · 新劇運動座談會〉，《臺北文物》3 期 2 卷（1954），頁 2-12。
2. 石婉舜，〈展演民俗、重塑主體與新劇本土化——1943 年《閹雞》舞台演出分析〉，《台灣文學研究學報》22 期（2016.4），頁 79-131。
3. 王櫻芬，〈作出臺灣味：日本蓄音器商會臺灣唱片產製策略初探〉，《民俗曲藝》182 期（2013.12），頁 7-58。
4. 王昭文，〈羅馬字與「文明化」——台灣文化協會時代的白話字運動〉，《2004 台灣羅馬字國際研討會論文集》（臺南：國家台灣文學館，2004.10）
5. 邱坤良，〈理念、假設與詮釋：臺灣現代戲劇的日治篇〉，《戲劇學刊》13 期（2011），頁 7-34。
6. 陳文松，〈「庄政」大對決：以日治中期臺中州草屯庄炎峰青年會為中心〉，《臺灣風物》62 卷 4 期（2012），頁 27-78。
7. 陳君玉，〈日據時期臺語流行歌概略〉，《臺北文物》2 期 4 卷（1955），頁 22-30。
8. 陳培豐，〈重新省思日治時期台語流行歌曲——以民謠觀的建立和音樂近代化作為觀點〉，《台灣文學研究學報》25 期（2017.10），頁 9-58。
9. 黃美娥，〈戰後初期台灣通俗小說初探——從「作家論」到「場域論」的考察〉，《台灣文學研究學報》26 期（2018.4），頁 185-220。
10. 黃得時，〈臺灣新文學運動概觀（上）〉，《臺北文物》3 期 2 卷（1954），頁 13-25。
11. 黃得時，〈臺灣新文學運動概觀（二）〉，《臺北文物》3 期 3 卷（1954），頁 26-33。
12. 廖漢臣，〈新舊文學之爭—臺灣文壇一筆流水賬〉，《臺北文物》3 期 2 卷（1954），頁 26-37。
13. 廖漢臣，〈新舊文學之爭（下）—臺灣文壇一筆流水賬〉，《臺北文物》3 期 3 卷（1954），頁 34-56。
14. 廖毓文，〈臺灣文藝協會的回憶〉，《臺北文物》3 期 2 卷（1954），頁 71-77。
15. 耐霜，〈臺灣新劇運動述畧〉，《臺北文物》3 期 2 卷（1954），頁 83-85。
16. 張維賢，〈我的演劇回憶〉，《臺北文物》3 期 2 卷（1954），頁 105-113。
17. 賴明弘，〈臺灣文藝聯盟創立的斷片回憶〉，《臺北文物》3 期 3 卷（1954），頁 57-68。
18. 賴松輝，〈「文學進化論」、「反動進化論」與台灣新舊文學的演進〉，《台灣文學研究學報》3 期（2006.10），頁 217-248。

〈勞働節歌〉	莊明正提供
反對臺灣地方自治聯盟的聲明書	莊明正提供
嚴純昆〈到酒樓去〉《赤道》2 號	
臺灣地方自治聯盟臺南支部成立紀念大會演說會	莊明正提供
張深切〈徒步旅行之名人題字錄〉	張孫煜捐贈
陳植棋《基隆火車站》，畫作	家屬收藏
陳澄波《溫陵媽祖廟》，畫作	私人收藏
陳澄波《群眾》，畫作	私人收藏
洪瑞麟《礦坑群像》，畫作	私人收藏
洪瑞麟《礦工洗澡》，畫作	私人收藏
陳英聲《山地風景》，畫作	家屬收藏
陳英聲《三品》，畫作	家屬收藏
李澤藩《外媽祖宮廟前》，畫作	李澤藩美術館藏
李澤藩《香茅油工廠》，畫作	李澤藩美術館藏
郭水潭〈評陳植棋、陳春德、陳澄波〉	郭昇平捐贈
《臺灣文藝》創刊號	黃得時捐贈
第三回臺陽展臺中移動展會員歡迎座談會	中央研究院臺灣史研究所檔案館典藏
《臺灣文藝》2 卷 1 號	周定山家屬捐贈
顏水龍《工藝技術草圖》	莊明正提供
張星建〈台灣に於ける美術團體とその中堅作家〉，《臺灣文藝》2 卷 10 號	吳守禮家屬捐贈
「臺灣民間故事特輯」《第一線》	黃得時捐贈
李獻璋編著《臺灣民間文學集》	林瑞明捐贈
陳澄波《風景速寫（113）-SB17（34.10-35.8）》	私人收藏
楊守愚〈壽至公堂〉《臺灣民間文學集》	李獻璋家屬提供
莊松林〈鴨母王〉	莊明正提供
童謠一歌一曲一謎《南音》1 卷 2 號	黃得時捐贈
賴和〈兒歌〉	財團法人賴和文教基金會提供
大溪革新會主催漫畫展覽會紀念	李獻璋家屬提供
1934 年臺灣文藝大會合照	李獻璋家屬提供

林獻堂致梁啟超書信（草稿）	黃得時捐贈
1910 年代留日青年合影	劉克全提供
臺灣同化會定款	黃得時捐贈
〈奇女子〉《臺灣文藝叢誌》2 期	許丙丁捐贈
臺灣文化協會創立事務所開會通知單	劉克全提供
臺灣文化協會成立邀請卡	劉克全提供
《臺灣民報》1 號 ~50 號合訂本	劉青雲家屬捐贈
《臺灣》THE FORMOSA 1923 第四年一月號 第一號	劉克全捐贈
賴和〈阿四〉	財團法人賴和文教基金會提供
賴和〈赴會〉	財團法人賴和文教基金會提供
BÂN-LÂM KI-TOK-KÀU LÚ-SOAN-TŌ-HŌE X NÎ KÌ-LIĀM-KHAN（1926-1936） 閩南基督教女宣道會 10 年紀念刊（1926-1936）	臺灣白話字文學資料蒐集整理計畫
新式台灣白話字課本（第一回白話字研習會）	國立臺灣文學館典藏
新式台灣白話字課本（第二回白話字研習會）	國立臺灣文學館典藏
台灣白話字第一回研究會紀念	國立臺灣文學館典藏
蔡培火書信紀錄筆計畚	國立臺灣文學館典藏
蔡培火日記 1929-1931	國立臺灣文學館典藏
臺灣文化協會本部致楊肇嘉信函	六然居資料室提供
劉青雲贈送書單證明	劉克全提供
劉青雲《羅華改造統一書翰文》	劉克全捐贈
嘉義讀報社創立紀念撮影	吳恪捐贈
臺北維新會反迷信宣傳單	莊明正提供
〈考察彰化的戀愛問題〉《臺灣民報》	
阿片歌	林章峯捐贈
文化劇團慰勞淺野水泥罷工	莊明正提供
淺野水泥罷工劇目宣傳單	莊明正提供
《赤道》創刊號	中央研究院臺灣史研究所檔案館典藏
《赤道》創刊號今天出刊了！	莊明正提供
《赤道》第二號發賣禁止	莊明正提供
盧丙丁送莊松林書籤	莊明正提供

〈陳三寫詩（上）（下）〉古倫美亞文藝部詞曲，清香、碧雲演出	曲盤聽講文化工作室提供
〈天黑黑〉漂舟詞，快齋（1905-1986）曲，鶯兒唱	曲盤聽講文化工作室提供
〈月兒歌〉潘石頭詞，姚讚福曲，花上錦唱	曲盤聽講文化工作室提供
〈放風吹〉漂舟詞，快齋曲，鶯兒唱	曲盤聽講文化工作室提供
〈心酸酸〉陳達儒詞，姚讚福曲，秀鑾唱	曲盤聽講文化工作室提供
〈閒花嘆〉李臨秋詞，鄧雨賢曲，純純唱	曲盤聽講文化工作室提供
〈美麗島〉黃得時詞，朱火生曲，芬芬唱	曲盤聽講文化工作室提供
〈一個紅蛋〉李臨秋 詞，鄧雨賢曲，林氏好唱	林章峯提供
〈落花流水（上）〉，黎錦輝詞曲，林氏好唱	林章峯提供
〈落花流水（下）〉盧丙丁詞，黎錦輝曲，林氏好唱	林章峯提供
悲嘆小夜曲（演奏版）	林章峯提供
楊逵〈撲滅天狗熱〉（デング退治）	楊建捐贈
《閹雞》（前篇二幕六場）節目單	林金泙家屬捐贈
《閹雞》舞臺劇劇照	林金泙家屬捐贈
《呂赫若日記》	呂芳卿捐贈
黃得時〈娛樂としての布袋戲〉，《文藝臺灣》3 卷 1 號	龍瑛宗捐贈
紗蓉之鐘	周振英捐贈
《南進台灣》影片	國立臺灣歷史博物館提供
《文協》影片	
《午後的懸崖》影片	

賴和〈農民謠〉	財團法人賴和文教基金會提供
梁啟超致林獻堂書信	黃得時捐贈
醒民（黃周）〈整理「歌謠」的一個提醒〉《臺灣新民報》	
《臺灣新民報》歌謠採集刊登	
〈怪紳士〉曲盤、歌詞	曲盤聽講文化工作室提供
純臺灣生產的影片 怪紳士 宣傳海報	林章峯捐贈
怪紳士小信封	林章峯捐贈
落花流水 套譜	林章峯捐贈
泰平唱片月下搖船、紗窓內歌單	林章峯捐贈
震災影像，林氏好獨照	林章峯捐贈
中北部震災慈善音樂會傳單	林章峯捐贈
中北部震災慈善音樂會 現場照片	林章峯捐贈
震災義捐音樂團慰勞會紀念於草屯合照	國立臺灣文學館典藏
〈烏猫格烏狗〉封套、曲盤	曲盤聽講文化工作室提供
〈烏猫格烏狗〉歌詞	曲盤聽講文化工作室提供
〈月兒歌〉封套、曲盤	曲盤聽講文化工作室提供
〈月兒歌〉歌詞	曲盤聽講文化工作室提供
〈美麗島〉封套、曲盤	曲盤聽講文化工作室提供
〈至好朋友就是耶蘇〉封套、曲盤	曲盤聽講文化工作室提供
〈心酸酸〉封套、曲盤	曲盤聽講文化工作室提供
〈心酸酸〉歌詞	曲盤聽講文化工作室提供
〈至好朋友就是耶蘇〉陳泗治編曲，林澄沐獨唱	曲盤聽講文化工作室提供
〈田家樂〉黃得時詞，林綿隆曲，江夏．青春美唱	曲盤聽講文化工作室提供
〈遊子吟〉姚讚福詞、曲、唱	曲盤聽講文化工作室提供
〈北兵扺路鰻〉高貢笑、滿臺紅演出	曲盤聽講文化工作室提供
〈烏猫格烏狗〉高貢笑、滿臺紅演出	曲盤聽講文化工作室提供
〈醉漢戲按摩女〉博博·謝福詞，葉再地曲，燕飛、麗明女演出	曲盤聽講文化工作室提供
〈李阿仙思君（上）（下）〉 臺灣古倫美亞文藝部詞曲，清香(純純)演出	曲盤聽講文化工作室提供
〈母親答（上）（下）〉李申長演出， 伴奏大廣絃	曲盤聽講文化工作室提供

撰文者簡介

蔡明諺　國立成功大學臺灣文學系副教授
林佩蓉　國立臺灣文學館研究組組長
黃小蛋　國立成功大學臺灣文學系研究所碩士
陳淑容　中央研究院臺灣史研究所博士後研究員
黃信彰　人文國際（股）份有限公司及國內多處文化園區執行長
邱函妮　國立臺灣大學藝術史研究所助理教授
陳佳琦　石學文化工作室負責人
陳婉菱　曲盤聽講文化工作室／文藝總監、臺灣大學音樂學研究所博士班、著有《詞曲之外：奧山貞吉與日治時期臺灣流行歌編曲》
石婉舜　國立清華大學臺灣文學研究所副教授
張晏菖　國立清華大學臺灣文學研究所碩士
碩士論文《反思社會運動者自我：「編輯者賴和」與《臺灣民報》的戲劇》獲得二〇二〇年臺灣文學傑出博碩士論文獎。
李家驊　導演
鄭有傑　導演
王嘉玲　國立臺灣文學館展示組研究助理
黃子恩　國立臺灣師範大學藝術史研究所碩士

策展團隊及感謝名單

指導單位　文化部
主辦單位　國立臺灣文學館
協辦單位　財團法人陳澄波文化基金會

總策畫　蘇碩斌
展覽經理　王嘉玲
文字統籌　林佩蓉
展覽協力　黃怡婷、黃子恩
文案協力　林承樸、黃怡婷、黃子恩
工作團隊　林宛臻、陳烜宇、陳秋伶、陳怡秀、詹嘉倫、鍾宜紋、郭曉純、吳昀瑩、林巧湄、机素燕、許乃仁、許珮旻、張禾靜、趙慶華、劉玉雯
教育推廣　王嘉玲、林温晴、黃雪雅、莫佩珊、葉柳君
展場設計製作　文化銀行
空間設計　托邦設計工作室
展覽文史顧問　陳允元
英文翻譯　Jeff Miller（米傑富）
文物保護運輸　晉陽文化藝術、安全包裝有限公司
文物捐贈　吳守禮家屬、吳恪、呂芳卿、周定山家屬、周振英、林宗正、林金泙家屬、林章峯、林瑞明、許丙丁、郭昇平、黃得時、黃震南、楊建、劉青雲家屬、龍瑛宗
文物提供　李獻璋家屬、莊明正、陳子智、黃士豪、劉克全、賴仁淵、財團法人李澤藩紀念藝術教育基金會、財團法人賴和文教基金會
影像授權　中央研究院臺灣史研究所檔案館、六然居資料室、國立臺灣大學圖書館、國立臺灣歷史博物館、國家圖書館
特別感謝　方宜晟、王梅香、何冠儀、李修鑑、李家驊、林欣昉、林柏維、高熙鈞、許懷哲、郭怡棻、陳立栢、陳佳琦、陳國慶、陳淑容、葉瓊霞、滴依依批 AyuanDeep、潘青林、鄭有傑、賴香吟、戴寶村

國家圖書館出版品預行編目 (CIP) 資料

百年情書：文協時代的啟蒙告白 = A century of heartfelt sentiment : 100th anniversary of Taiwan Cultural Association / 林佩蓉 , 黃小蛋 , 蔡明諺 , 黃信彰 , 邱函妮 , 陳淑容 , 陳婉菱 , 石婉舜 , 張晏菖 , 陳佳琦 , 李家驊 , 鄭有傑 , 王嘉玲 , 黃子恩撰文 . -- 初版 . -- 臺北市 : 前衛出版社 , 2021.12

面 ; 公分

ISBN 978-957-801-996-6(平裝)

1. 臺灣文化協會 2. 臺灣新文化運動 3. 日據時期 4. 文集

733.407 110017449

百年情書：文協時代的啟蒙告白
A CENTURY OF HEARTFELT SENTIMRNT
National Museum of Taiwan Literature

策　　劃　國立臺灣文學館
監　　製　蘇碩斌
撰　　文　林佩蓉、黃小蛋、蔡明諺、黃信彰、邱函妮、陳淑容
　　　　　陳婉菱、石婉舜、張晏菖、陳佳琦、李家驊、鄭有傑
　　　　　王嘉玲、黃子恩（依文章順序）
文字編輯　蔡明諺
執行編輯　王嘉玲、林佩蓉、黃子恩（依筆畫排列）
校　　對　王嘉玲、黃小蛋、黃子恩、蔡明諺、鄭清鴻（依筆畫排列）

視覺設計　文化銀行

出　　版　前衛出版社
　　　　　地址：104056 臺北市中山區農安街 153 號 4 樓之 3
　　　　　電話：02-2586-5708 ｜傳真：02-2586-3758
　　　　　電子信箱：a4791@ms15.hinet.net
　　　　　網址：www.avanguard.com.tw
印　　刷　漢藝有限公司
法律顧問　陽光百合律師事務所
總 經 銷　紅螞蟻圖書有限公司
　　　　　地址　114066 臺北市內湖區舊宗路二段 121 巷 19 號
　　　　　電話：02-2795-3656 ｜傳真：02-2795-4100

展 售 點　國立臺灣文學館藝文商店（06-221-7201 ext.2960）
　　　　　國家書店松江門市（02-2518-0207）
　　　　　五南文化廣場（04-2226-0330）

出版日期　2021 年 12 月 初版一刷
定　　價　新臺幣 450 元
G P N　1011002140
I S B N　978-957-801-996-6

速達郵便